Gerold Kirchert

Das Bauen von Flugmodellen im Werkunterricht

Theoretische Grundlagen und praktische Umsetzung

Kopiervorlagen mit Lösungen

Gedruckt auf umweltbewusst gefertigtem, chlorfrei gebleichtem
und alterungsbeständigem Papier.

2. Auflage 2026

Gerold Kirchert
Das Bauen von Flugmodellen in Theorie und Praxis
Layout: Nikolaus Pásztory (Bildungsverlag Lemberger, A-Wien, www.bildungsverlag-lemberger.at)

Illustrationen: Tom Frey, Gerold Kirchert

ISBN 978-3-95660-**445**-4

www.brigg-verlag.de

INHALT

VORWORT

Sehr geehrte Lehrerinnen und Lehrer!

Vorweg freue ich mich, dass Sie diese Unterrichtshilfe erworben haben, und bitte um Verständnis, dass ich in Zukunft auf die Begriffe „Lehrer und Lehrerinnen“ bzw. „Schüler und Schülerinnen“ verzichte und nur mehr „Lehrer“ für „Lehrer und Lehrerinnen“ bzw. „Schüler“ für „Schüler und Schülerinnen“ verwende.

Auf diesem Weg möchte ich mich bei allen Beteiligten, die mich bei der Erstellung dieses Werkes unterstützt haben, recht herzlich bedanken.

„Das Bauen von Flugmodellen im Werkunterricht“ soll Ihnen die Arbeit zum Thema „Fliegen“ erleichtern. Die ersten Anleitungen sollen das handwerkliche und kreative Geschick der Schüler fördern und einen Bezug zur Fliegerei herstellen. Die weiteren Anleitungen führen über kleine Wurfgleiter bis hin zu einem Modell mit 900 mm Spannweite.

Bei der Zusammenstellung dieser Unterrichtshilfe stellte ich sehr rasch fest, dass es nicht möglich ist, jedes Detail genau zu beschreiben. Das heißt, ein gewisses Basiswissen in der Handhabung der Werkzeuge, von Klebstoffen und Interpretation der Zeichnungen setze ich voraus.

Sollten Sie noch weitere Informationen benötigen, stehe ich Ihnen gerne mit Rat und Tat zur Verfügung.

Ihnen und Ihren Schülern wünsche ich viel Spaß im Werkunterricht und viele erfolgreiche Flugstunden mit den Modellen.

Gerold Kirchert

DAS SEGELFLUGZEUG

Wenngleich ein Segelflugzeug in der Eleganz seiner Bewegungen niemals mit einem Vogel konkurrieren kann, so ist es dennoch faszinierend, es im Flug zu beobachten. Wir werden uns niemals daran satt sehen können, wie es ruhig und gleichmäßig durch das ihm eigene Element, die Luft, gleitet. Abgesehen vom „Nurflügler", der weder Schwanz noch Höhenleitwerk besitzt, besteht ein Segelflugzeug aus folgenden Teilen:

1. Rumpf
2. Tragflächen
3. Seitenleitwerk
4. Höhenleitwerk
5. Landekufe bzw. Fahrwerk

Der Schwerpunkt des Segelflugzeuges liegt im Schnittpunkt von drei Achsen:
der **Längsachse (Rollachse, 6),**
der **Querachse (Neigungsachse, 7)** und der zu den beiden oben genannten Achsen senkrecht stehenden **Hochachse (Drehachse, 8)**.

Jede der zuvor genannten Baugruppen dient einem besonderen Zweck:

Der Rumpf	verbindet die Leitwerke mit dem Schwerpunkt.
Die Flügel	erzeugen den Auftrieb.
Das Seitenleitwerk	stabilisiert das Flugzeug um die Hochachse.
Das Höhenleitwerk	soll eine Verdrehung um die Querachse verhindern und dient ebenfalls zur Stabilisierung des Fluges.
Das Landegestell	kann aus einem Rad oder einer Kufe bestehen und erleichtert – wie sein Name schon sagt – die Landung.

Im vorderen Ende des Rumpfes, der Nase, wird der Ballast untergebracht, welcher notwendig ist, um das Flugzeug auszuwiegen.
Die für ein Segelflugzeug charakteristische leicht geneigte Flugbahn ergibt sich aus der Tatsache, dass die von den Tragflächen beim Flug erzielte Auftriebskraft der Erdanziehungskraft entgegenwirkt. In der Folge werden wir noch feststellen, dass der Winkel zwischen dem Horizont und dieser Flugbahn verschieden groß sein kann und auf die Flugeigenschaften des Segelflugzeuges einen wichtigen Einfluss ausübt.

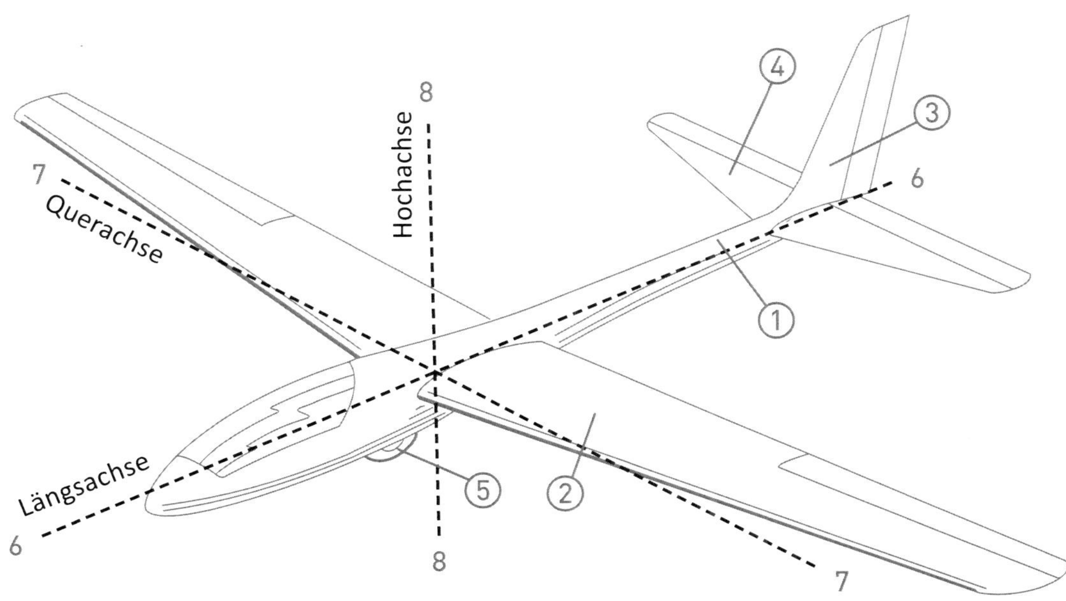

FLUGKÖRPER – EINE ÜBERSICHT

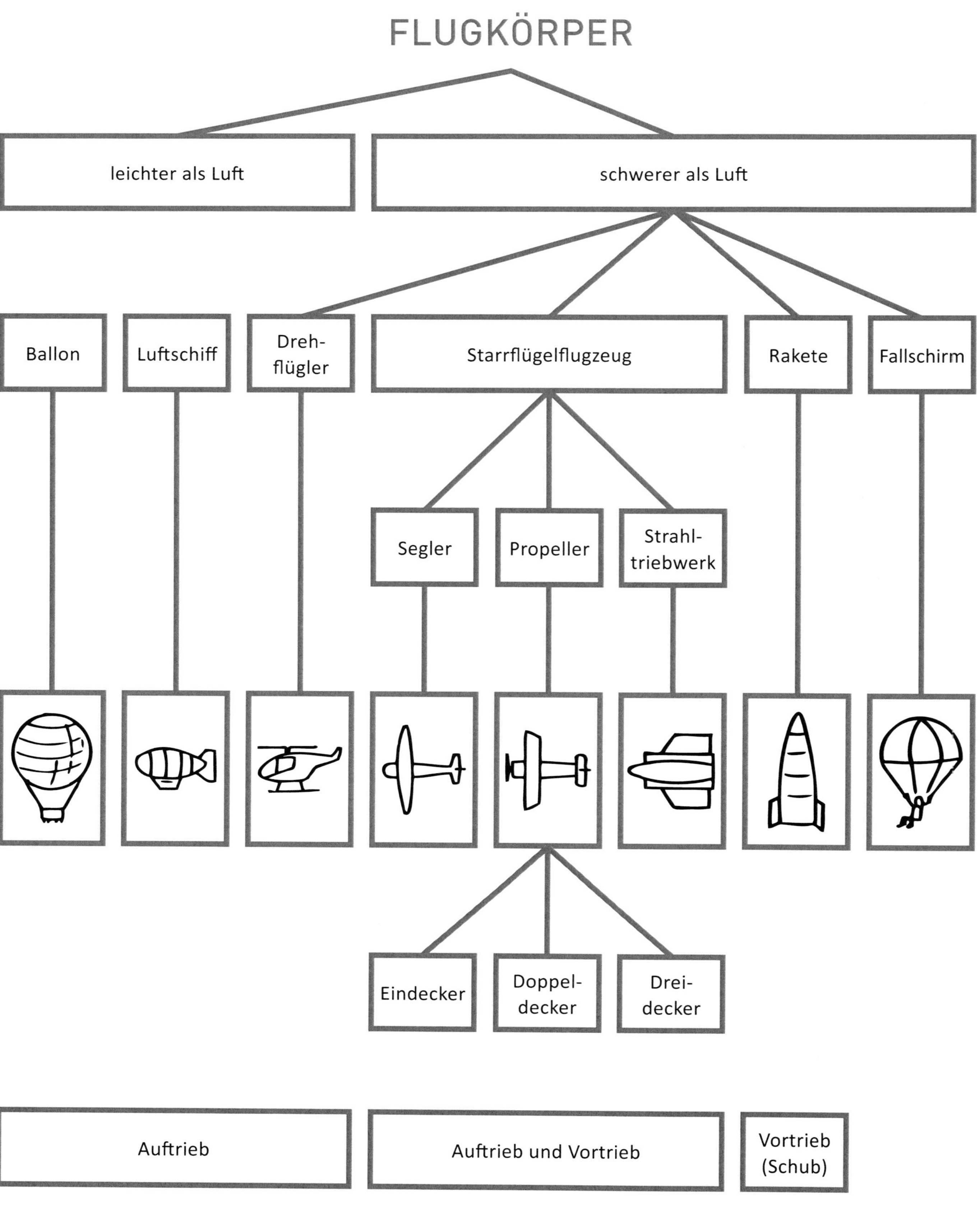

FLUGZEUGE (FLUGMODELLE) – EINE ÜBERSICHT

Flugzeuge (Flugmodelle) sind Luftfahrzeuge, die schwerer als die von ihnen verdrängte Luft sind und durch Bewegung einen dynamischen Auftrieb erzeugen.

Wir unterscheiden:

- **Starrflügelflugzeuge** – die Flügel sind mit dem Rumpf fest verbunden
- **Drehflügelflugzeuge** – Hubschrauber und Tragschrauber
- **Schwingenflugzeuge** – Auftrieb und Vortrieb erfolgen durch schwingende Tragflügel (wie beim Vogelflug)

Flugzeugmodelle – sind vorbildgetreue und maßstäbliche Verkleinerungen von Personen tragenden Flugzeugen, welche flugfähig sind.

Modellflugzeuge – wie oben, doch nicht flugfähig (Standmodelle von Originalflugzeugen).

Flugmodelle – sie werden nur zum Zweck der Flugfähigkeit gefertigt und sind Personen tragenden Flugzeugen nicht nachgebildet, können mit diesen jedoch Ähnlichkeit haben. Sie sind Funktionsmodelle im eigentlichen Sinn, weil sie ausschließlich nach den Gesetzen der Flugmechanik und Aerodynamik gebaut sind und diesen unterliegen.

Eine wettbewerbsmäßige **Einteilung der Flugmodelle** wird vorgenommen in:

- **F1 – Freiflugmodelle:** Segelflugmodelle, Gummimotormodelle, Verbrennungsmotormodelle. Als Sonderklassen gehören dazu Saalflugmodelle und magnetgesteuerte Hangflugmodelle sowie CO_2-Modelle.

- **F2 – Fesselflugmodelle:** Diese werden mittels Stahllitzen im Kreise gesteuert. Es gibt Geschwindigkeitsmodelle, Kunstflugmodelle und Team-Racing-Modelle.

- **F3 – Radio-Control-Modelle** (Fernsteuermodelle): Hier gibt es wieder Segel- und Verbrennungsmotormodelle sowie Elektro- und Hubschraubermodelle.

- **Raketenmodelle:** Diese Kategorie ist zurzeit in Österreich nicht zugelassen.

- **Heißluftballonmodelle:** Diese werden in letzter Zeit immer mehr gebaut und es werden auch internationale Treffen durchgeführt.

Wettbewerbstätigkeiten

Der Modellflug wird international betrieben und wie in anderen Sportarten werden verschiedene Wettbewerbe und Meisterschaften durchgeführt: Weltmeisterschaften, Europameisterschaften und Europa-Cups, Staatsmeisterschaften und Österreichische Meisterschaften sowie Landes- und diverse Verbandsmeisterschaften.
International stehen die österreichischen Modellsportler im Spitzenfeld und haben bereits viele WM- und EM-Titel und internationale Erfolge errungen.
Seit 1981 ist der Modellflugsport in Österreich als offizieller Sport bei der BSO (Bundessportorganisation) anerkannt und allen anderen Sportarten gleichgestellt.

MODELLE, DIE WIR IM UNTERRICHT BAUEN KÖNNEN

Die Einführung in die flugphysikalischen, flugmechanischen und technologischen Probleme der Luftfahrt soll am Beispiel von Freiflugmodellen erfolgen, und zwar zunächst an solchen ohne Antrieb. Gemeinsames Merkmal dieser Flugmodelle ist, dass ihre Bewegungen nach Beendigung des Startvorganges vom Modellflieger nicht mehr zu beeinflussen sind. Deshalb müssen sie über eine große Eigenstabilität (Flugstabilität) verfügen.

Der Einstieg in die Problematik des Gleitvorganges geschieht mithilfe quadratischer oder rechteckiger Papiere (Kartons, Postkarten). Diese werden so modifiziert, dass in einer Versuchsreihe unter Einbeziehung des Prinzips des Fallschirms ein Weg vom unkontrollierten Fallen über ein bewusst herbeigeführtes Sinken zum Gleiten einer Fläche beschritten werden kann. Dabei entsteht ein Gleitkörper, an dem dynamischer Auftrieb erzeugt wird. Er wird allgemein als **Papiergleiter**, in seiner einfachsten Form aber auch als „fliegende Fläche" oder bei Verwendung anderer Werkstoffe (Balsaholz, Hartschaumplatten) als „fliegendes Brett" bezeichnet.

Äußere Kennzeichen sind seine Rechteckform und der vorne angebrachte Ballast (Büroklammern, Plastilin, Blei). Dadurch wird eine Verschiebung des Schwerpunktes in Flugrichtung bewirkt und das Gleitverhalten (Längsstabilisierung) entscheidend beeinflusst (Abb. 1).

Weitere Bestrebungen, den Gleiter zu stabilisieren, führen zur Bildung von V-Formen und senkrechten Flächen (Abb. 2).

Durch Falten festerer Kopierpapiere können verschiedene Variationen von Papiergleitern (Delta-, Trapezflächen u. a.), sogenannte Papierschwalben, gefertigt werden. Eine Verlagerung des Schwerpunktes aus der Mitte ergibt sich dabei durch mehrfaches Knicken des Papiers bzw. durch Zuspitzen der Flächen (Abb. 3).

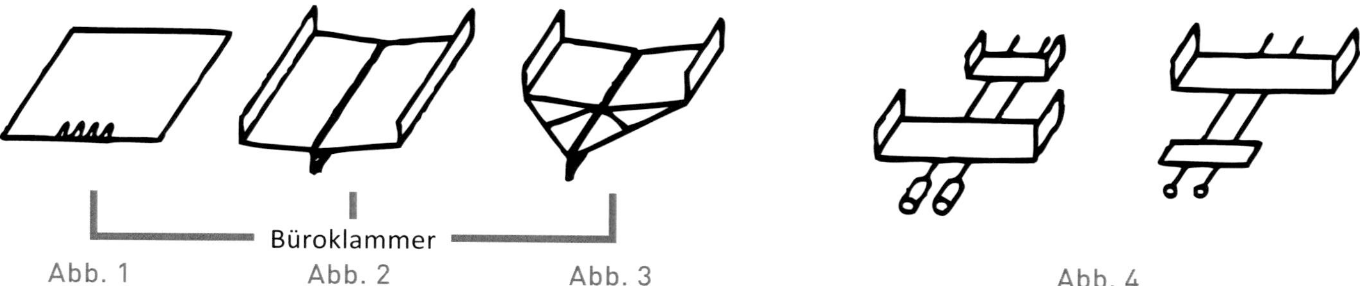

Abb. 1 Abb. 2 Abb. 3 Abb. 4

Werden kleinere Flächen vorgelagert oder hinten angefügt, so entstehen erstmals Tragflügel-Leitwerks-Kombinationen. Die Verwendung von Wellpappe (für die Flächen) und Rundhölzern (als Leitwerksträgern) eignet sich zur Erprobung von Schwerpunktveränderungen, da die Flächen auf den Verbindungshölzern verschoben werden können. Ballast lässt sich an ihnen in Form von Flaschenkorken anbringen (Abb. 4). Will man besser fliegende Gleiter bauen, dann müssen steifere Materialien verwendet werden.

Die Zimmerflugmodelle der zweiten Baustufe werden daher aus Balsaholz gefertigt und als **Balsagleiter** bezeichnet. Der relativ leichte und feste Werkstoff garantiert bei den vorgegebenen Abmessungen eine ausreichende Verzugsfreiheit, die erforderlich ist, um in Vergleichsflügen die charakteristischen Gleiteigenschaften verschiedener Grundtypen von Flugmodellen erkennen zu können.

Ausgewählt wurden fünf Grundformen, die sich auf entsprechende historische Flugzeugmuster zurückführen lassen, nämlich die Normalausführung sowie die Sonderkonstruktionen Tandem- und Entenbauart, Nurflügelkonstruktion und Scheibe. Grundsätzliche Unterschiede zu vorausgegangenen Konstruktionen liegen in der Form und der Anordnung von Flächen und Leitwerken sowie in der Einstellwinkeldifferenz, die häufig durch die Gestalt der Rümpfe festgelegt wird.

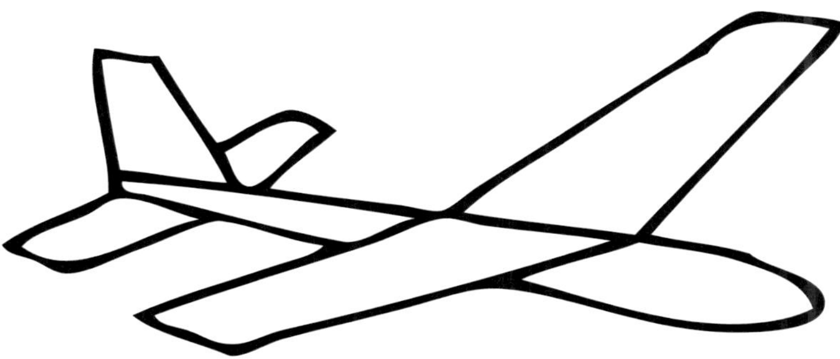

Bei **Normalausführungen**, die den größten Teil heutiger Flugkörper ausmachen, sind die tragenden Flächen am Rumpfmittelstück angeordnet, während sich die Leitwerksflächen am Rumpfende befinden. Varianten sind Hoch-, Mittel- und Tiefdecker, Doppel- und Mehrdecker sowie Flugzeuge bzw. Flugmodelle mit Doppelrumpf oder Doppelleitwerk.

Tandemkonstruktionen weisen anstelle des Höhenleitwerks einen zweiten Tragflügel auf, der ähnliche Dimensionen wie die vordere Fläche hat und ebenfalls eine V-Form besitzt. An seinen Rändern sind die Seitenleitwerksflächen oft als Endscheiben ausgebildet. Bei Flugzeugen sind Tandemanordnungen nur selten anzutreffen, wenngleich sie sich durch ein sehr stabiles Flugverhalten auszeichnen.

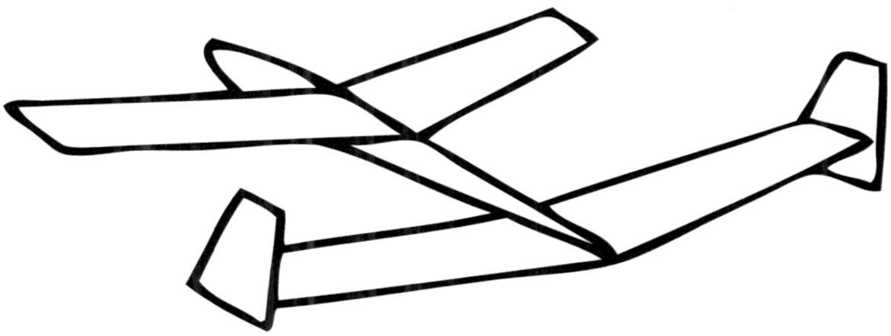

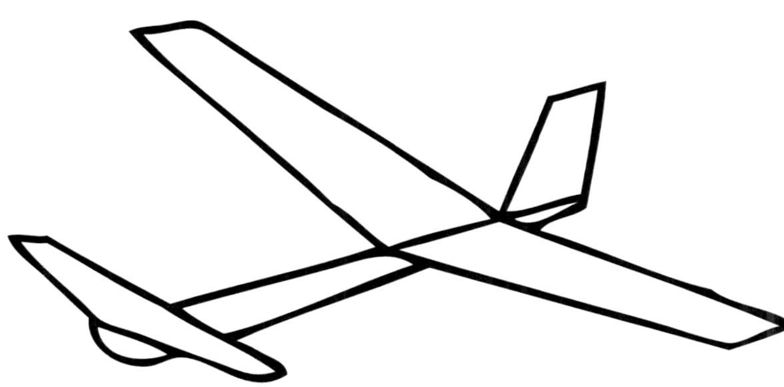

Bei der **Entenbauweise** liegt das Höhenleitwerk vor dem Tragflügel und erzeugt ebenfalls Auftrieb. Ferner besteht durch stärkere Anstellung des Kopfflügels eine größere Einstellwinkeldifferenz als bei den übrigen Konstruktionen. Entenkonstruktionen im Flugzeug- und Modellbau spielen eine Außenseiterrolle, obwohl man ihre Vorteile (günstige Schwerpunktlage, gute Längsstabilität, ideales Gleitverhalten) bereits früh erkannt hat.

Die charakteristische Leitwerksanordnung findet sich schon beim Motorflugzeug der Gebrüder Wright und wurde gegen Ende der 20er Jahre bei der „Ente“ von Focke-Wulf und in neuester Zeit wiederum an verschiedenen Baumustern ausgeführt (Sport- und Reiseflugzeuge: VariViggen, VariEze; Überschallflugzeuge: XB 70 „Valkyrie“, Forschungsobjekt Colani). In Verbindung mit einem Deltaflügel wurde sie bei der Saab Viggen, einem sogenannten Doppeldelta, verwirklicht.

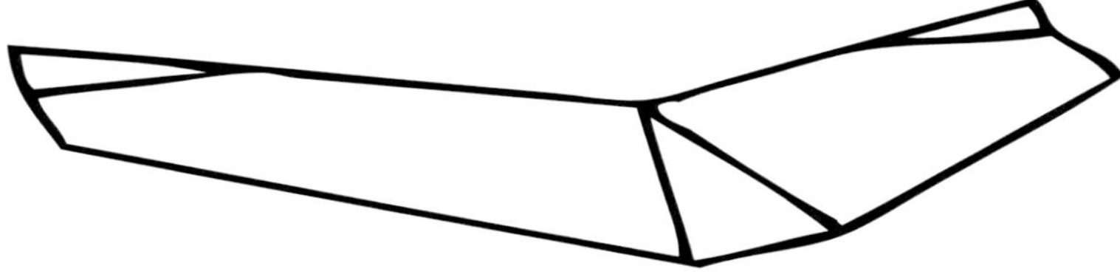

Der **Nurflügler** besitzt in seiner reinsten Form weder vertikale noch horizontale Stabilisierungsflächen (Seiten-, Höhenleitwerk), sodass besondere konstruktive Maßnahmen wie Pfeilung und äußere Anhebung der Flügelenden zur Herbeiführung eines stabilen Fluges notwendig sind. Infolge seines vergleichsweise geringen Gewichtes zeigt der Nurflügel einen besonders günstigen Gleitwinkel, doch kommt seine Konzeption wegen der zum Teil kritischen Flugeigenschaften – vor allem wegen der geringen Längs- und Seitenstabilität – kaum noch zum Tragen – sieht man von den modernen Düsenflugzeugen wie der „Concorde" ab.

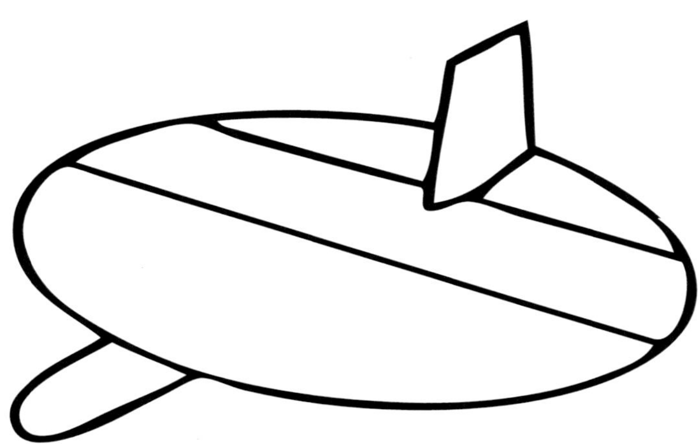

Die **Scheibe** stellt eine Variante des Nurflüglers dar, ist im Gegensatz zu diesem jedoch mit einem Seitenleitwerk ausgerüstet. Anstelle des (fehlenden) Höhenleitwerks bewirkt die leicht hoch gewinkelte Hinterkante der Fläche die richtige Anstellung im Flug. Trotz geringer Quer- und Richtungsstabilität (Ursachen: fehlende V-Form, Seitenleitwerk zu nahe am Schwerpunkt) vermag die Scheibe ebenfalls einen optimalen Gleitwinkel zu erzielen. Im Modellflug hat sie Bedeutung als Experimentalflugkörper. Ähnlich wie Tandem- und Nurflügelmodelle erregt sie die Aufmerksamkeit der Zuschauer bei Modellflugveranstaltungen.

Die hier beschriebenen Grundformen von Flugzeug- und Flugmodelltypen werden auf dieser Reduktionsstufe (entsprechend den Lernzielen) mit ebenen, nicht profilierten Tragflächen gebaut. Die Vorschläge für die Modelle „Fünf aus anderthalb Brettern" basieren auf dem Entwurf von K.-H. Denzin: Fünf Balsagleiter aus einem Brettchen zu gestalten. So gelangt der jugendliche Modellbauer schnell und preiswert zu gut fliegenden Modellvarianten.

FÜNF MODELLE AUS ANDERTHALB BALSABRETTERN

(Konstruktion in Anlehnung an K.-H. Denzins „Fünf aus einem Brett")

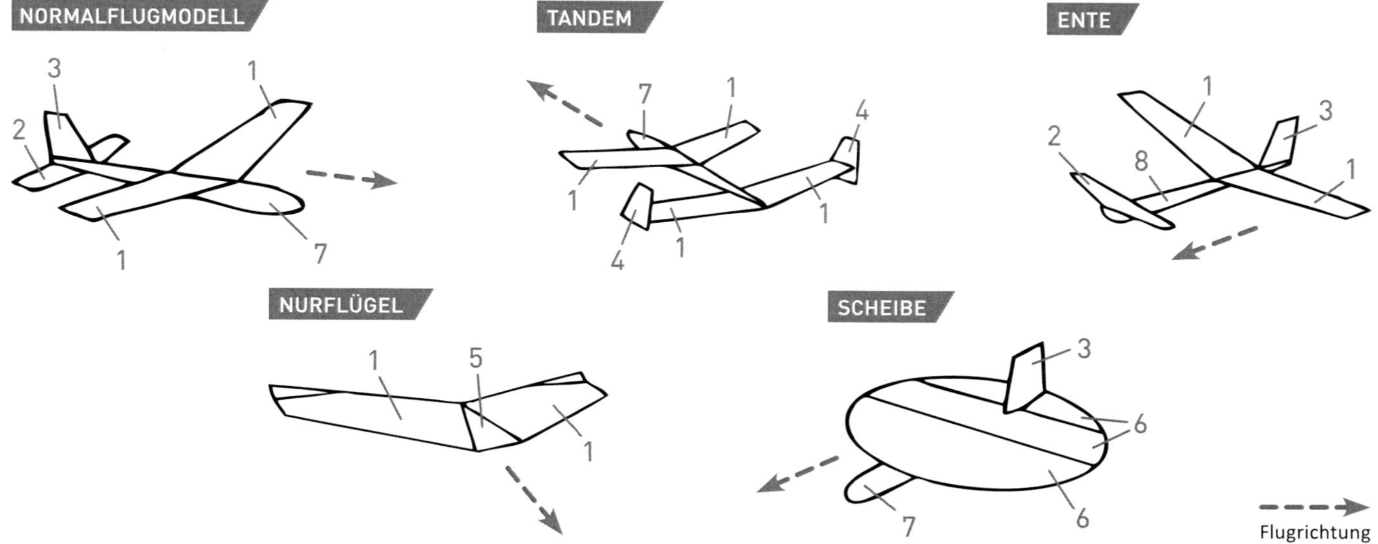

ETWAS THEORIE VOR BAUBEGINN

- PROBLEMSTELLUNG
  Es soll herausgefunden werden, wie ein Blatt Papier zum Gleiten gebracht werden kann.

- ERARBEITUNG IN TEILSCHRITTEN
  Es wird beobachtet, dass ein zusammengeknülltes Stück Papier schnell und vertikal zu Boden fällt.

Beobachtung Eine steife quadratische Fläche legt einen ganz anderen Weg zurück. Wir lassen ihn genau beschreiben (u. U. können die Schüler versuchen, den ungleichmäßigen Bewegungsablauf zu begründen).

Versuch Die Schüler erkunden, auf welche Weise das Blatt zunächst zu einer möglichst gleichförmigen, langsam absinkenden, vertikalen Bewegung gebracht werden kann.

Die zur Verfügung gestellten Materialien können Anstöße für Experimente vermitteln (Fäden, Büroklammern). Das Papier selbst sollte jedoch gebogen oder gefalzt werden dürfen.

Von Vermutungen ausgehend, planen und erproben die Schüler verschiedene Möglichkeiten (Anbringen von Gewichten an den Rändern der Fläche, im Mittelpunkt; Bau eines Fallschirmes; Falzen des Papiers zur V-Form, doppeltes Falzen u. a.)

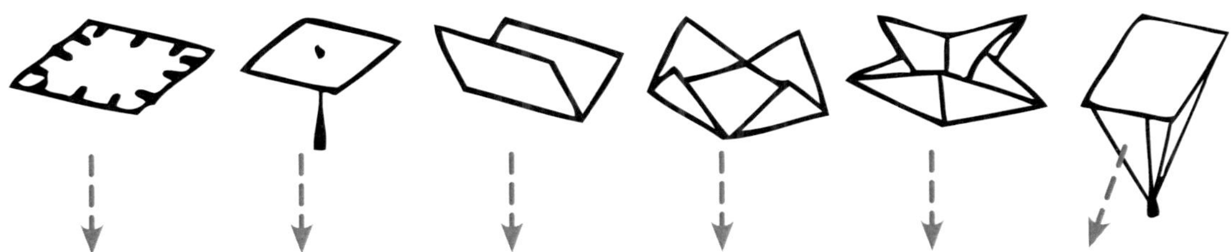

Im Vergleich wird deutlich, dass die Flächen mit unterschiedlicher Geschwindigkeit zu Boden fallen. Am „Fallschirm“ wird ein langsames Sinken beobachtet. Bei schräger Aufhängung eines Gewichts oder einseitiger Beschwerung der Fläche ist ein Gleiten zur Seite erkennbar.

- VERSUCH
  An die zuletzt genannte Konstruktion wird angeknüpft und ihre besonderen Flugeigenschaften (u. a. Verschiebung des Schwerpunktes aus der Mitte) werden entdeckt. Alle Schüler versuchen, das Blatt in einen gleichmäßigen Gleitflug zu bringen. Sie experimentieren aufgrund der Erkenntnisse aus dem vorangegangenen Versuch so, dass sie den Schwerpunkt verschieben.

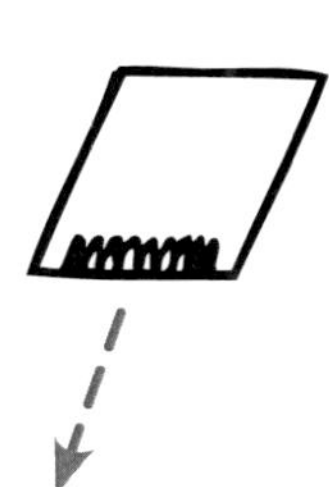

Durch weiteres Vergleichen der Konstruktionen und ihrer Flugbahnen entdecken sie, dass zu viel Ballast die Flugbahn verkürzt und die Fläche ungleichmäßig und steil zu Boden gleiten lässt. Wir bezeichnen sie dann als kopflastig. Zu wenig Ballast führt dazu, dass die Fläche nach der Freigabe steil wegsteigt, dabei an Fahrt verliert und nach vorn abkippt, oder dass sie in wellenförmiger Flugbahn gleitet. In diesem Falle ist sie hecklastig.

Die Schüler sollten durch eine Reihe von Versuchen zu einer optimalen Lösung gelangen, um anschließend den Schwerpunkt zu ermitteln. Das geschieht am einfachsten mithilfe eines Rundholzes, das unter der Fläche (quer zur Flugrichtung!) so lange hin- und hergeschoben wird, bis diese sich im Gleichgewicht befindet. Durch Ausmessen wird festgestellt, dass die günstigste Flugbahn zu erreichen ist, wenn sich der Schwerpunkt bei ca. 30 % der Flächentiefe befindet. Allerdings ist ein gleichmäßiger Gleitflug aus der Hand nur dann möglich, wenn die Fläche in leicht nach vorn geneigter Fluglage und mit der ihr angemessenen Gleitfluggeschwindigkeit in die Luft „geschoben" wird.

Weitere Abhängigkeiten lassen sich verdeutlichen. So kann z. B. erkannt werden, dass bei kopflastigen Flugkörpern der Schwerpunkt in Flugrichtung, bei hecklastigen demgemäß nach hinten verschoben ist.

Der Begriff „Längsstabilität" sollte im Zusammenhang mit der erzielten Lösung eingeführt werden.

- VERSUCH

Die Ergebnisse des vorherigen Versuches werden trotz hinreichender Längsstabilität letztlich noch kein zufriedenstellendes Flugverhalten erbracht haben. So ist vor allem ein leichtes „Rollen" der Flächen um ihre Längsachsen zu beobachten.

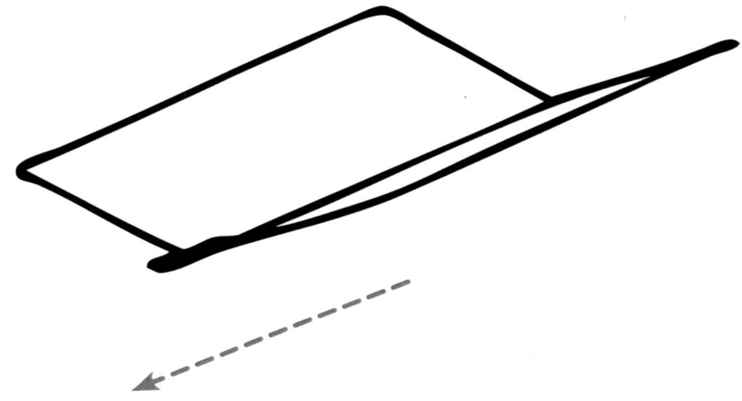

Entsprechend werden sich die Bemühungen der Schüler in einer weiteren Versuchsreihe auf die Stabilisierung des Flugverhaltens um die Längsachse beziehen und zur Entwicklung V-förmiger Flächen führen.

Je nach Vorwissen der Schülergruppe kann mittels zeichnerischer Darstellung die Wirkungsweise der V-Form verständlich gemacht werden (Voraussetzung ist die Einsicht in den dynamischen Auftrieb an der ebenen Platte). Das Stabilitätsmoment entsteht, weil die jeweils geneigte Flächenhälfte der Luftströmung eine größere Auftriebsfläche bietet. Dieser größere Auftrieb führt den Flugkörper in die waagrechte Lage zurück. Zudem trägt der tiefer liegende Schwerpunkt zur Verbesserung der Querstabilität bei.

In dieser Phase der Erarbeitung kann deutlich werden, dass das Falzen zur V-Form entlang der Spiegelachse zu erfolgen hat.

- VERSUCH
  Eine weitere Zielsetzung führt zu der Erkenntnis, dass eine entscheidende Verbesserung des Flugverhaltens erreicht wird, wenn neben den tragenden Flächen auch senkrechte zur Richtungsstabilisierung angebracht werden.

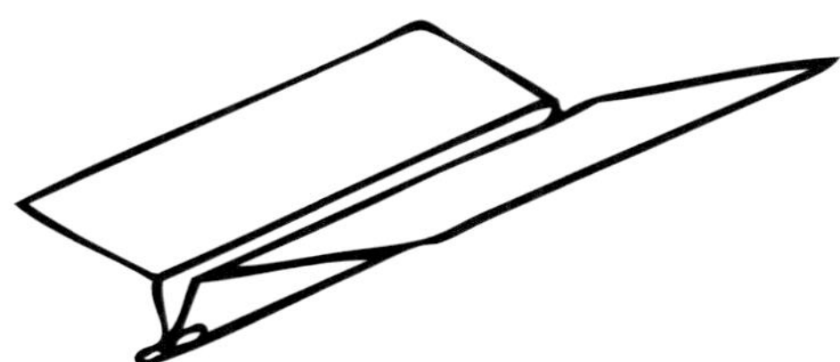

Um die aus den Beobachtungen und Versuchen gewonnenen Teilergebnisse zu festigen und für die weitere Arbeit wirksam werden zu lassen, werden sie in Text und Zeichnung an der Tafel (später auf einem vorbereiteten Schülerarbeitsbogen) fixiert.

Ein abschließendes Gespräch dient der Zusammenfassung der wesentlichen Erkenntnisse.

Beispiel
Wenn unser Papiergleiter gut fliegen soll, muss er folgende Voraussetzungen erfüllen:

✓ Der Schwerpunkt muss bei ca. 30 % der Flächentiefe liegen.

✓ Die Flächen müssen V-förmig gefalzt sein.

✓ Die Flächen müssen spiegelbildlich (symmetrisch) sein.

✓ Der Gleiter benötigt senkrechte Flächen zur Richtungsstabilisierung.

Folgende Materialien werden zur Durchführung benötigt:
Zeichenkarton, Büroklammern, Zwirn, Rundhölzer, Lineal, Falzbein, Bleistift

Analyse des Bauplans
Den Schülern wird der Bauplan mittels Powerpointpräsentation oder Tageslichtprojektorfolie vorgestellt. Zunächst sind die im oberen Teil des Planes befindlichen isometrischen Darstellungen in der Weise zu entschlüsseln, dass die mit Ziffern bezeichneten Einzelteile am vorhandenen Modell aufgesucht und der Stückliste zugeordnet werden können. Dabei ist festzustellen, dass überwiegend gleiche oder geringfügig modifizierte Teilformen Verwendung finden.

Diese Teilformen werden in den weiteren Darstellungen des Bauplanes

a) zur ökonomischen Aufteilung der Balsabrettchen (Maßstab 1:5) verwendet,

b) in den in der wirklichen Größe dargestellten Detailabbildungen aufgesucht und hinsichtlich Form und Abmessungen beschrieben. Hierzu ist es notwendig, die Bedeutung der angewandten Linienarten (breite Volllinie, schmale Volllinie, Strichlinie, Schraffur, Doppelpfeil) und gegebenenfalls des Maßstabes zu erklären.

Möglichkeiten der Modifizierung der Modelle
Über eventuelle Möglichkeiten, die Modelle zu modifizieren, sollte der Lehrer unter Berücksichtigung der Individuallage seiner Gruppe entscheiden. Muster bzw. Ideen für Steckbalsagleiter ...

- ERARBEITUNG DER TECHNISCH-KONSTRUKTIVEN GRUNDLAGEN

Werkstoffkunde: Das Balsaholz und seine Eigenschaften

Nach der Vorstellung des zu verwendenden Balsaholzes informieren sich die Schüler im Internet oder anhand eines eigens vom Lehrer vorbereiteten Arbeitsblattes über Herkunft, Aufbau, Wachstum, Gewinnung und Verwendungsmöglichkeiten dieses Werkstoffes.

Erst dann werden im Vergleich mit anderen Hölzern (Bohlen, Brettern, Furnieren) spezifische Eigenschaften wie Gewicht, Härte und Festigkeit untersucht. Auch ist zu verdeutlichen, dass Balsaholz durchaus sehr verschieden sein kann und für den jeweiligen Zweck ausgewählt werden muss. Da der Lehrer die Materialwahl auf dieser Kursstufe sinnvollerweise selbst trifft, benötigt der Schüler allerdings noch keine Kenntnisse über den für ihn ohnehin komplizierten Zusammenhang von Schnittart und Verwendung des Holzes. Für die anstehende Aufgabe eignet sich ein mittelhartes und nicht verwundenes Holz mit gerade verlaufenden Fasern.

Die Bedeutung der Faserrichtung für die Festigkeit (Belastbarkeit) sollte grundsätzlich durch Belastungsversuche mit quer und längs gemaserten Balsaholzstreifen gleicher Abmessungen verdeutlicht werden, weil sich gerade diesbezüglich durch ungenügende Beachtung der Konstruktionshinweise anfangs immer wieder Fehler einstellen, die zur Beschädigung des Gleiters führen können.

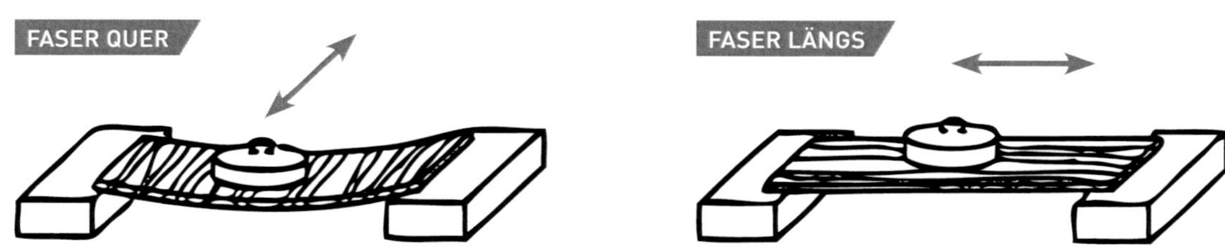

Schüler erkennen, dass man bei gleichem Gewicht wesentlich höhere Festigkeit erreicht, wenn die Faserrichtung stimmt. Durch Beobachtung am fliegenden bzw. landenden Modell ermitteln sie, in welcher Weise Belastungen auftreten. So ergeben sich bei unsanften Landungen und Berührungen mit Hindernissen z. B. Biegebeanspruchungen am Rumpf sowie an den Flächen und Leitwerksenden.

Durch Auswertung der Versuche mit fehlerhaften Modellen wird der Faserverlauf des Holzes einsichtig:

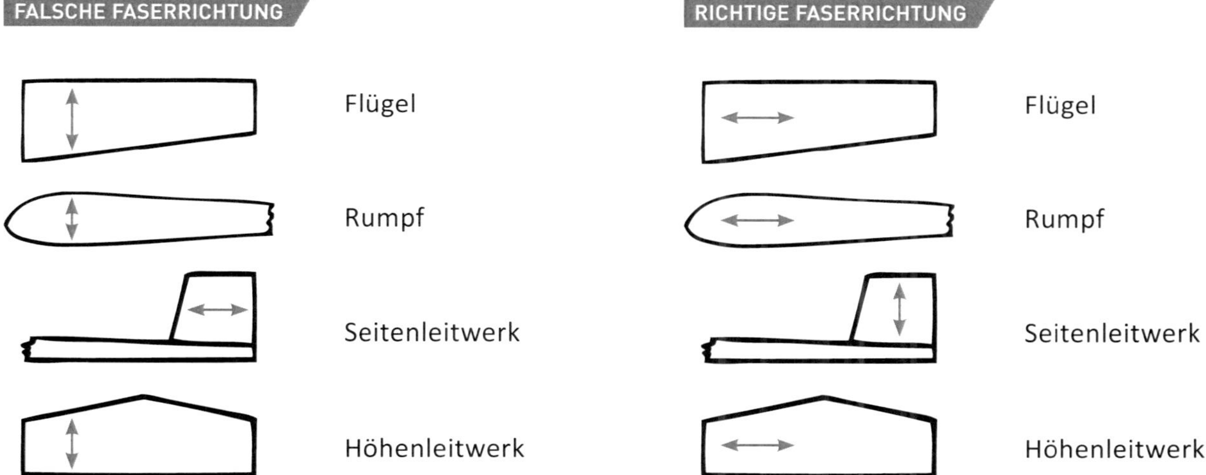

- EINSATZ UND HANDHABUNG VON WERKZEUGEN UND HILFSMITTELN
  Die für den Bau von Funktionsmodellen benötigten Werkzeuge und Hilfsmittel sollten zum Bestand der Werkraumausstattung gehören.

  Daraus benötigen wir vorerst pro Schüler

  - ein Baubrett, das mit einem dickeren Karton belegt wird, damit die Messerklinge beim Schneiden des Balsaholzes nicht durch die Faserrichtung der Unterlage abgelenkt wird
  - ein Balsamesser mit auswechselbarer Klinge
  - eine Reiß- bzw. Messingschiene für längere Schnitte
  - ein Stahllineal
  - ein Geodreieck oder einen Winkel
  - einen Zirkel
  - einen Bleistift
  - Stecknadeln
  - Schleifpapier und Schleifkorken, Schleifklotz

  Der Lehrer wird gut daran tun, mit einer handwerklich wenig geschulten Gruppe einige Übungen im Umgang mit Werkzeugen, Hilfsmitteln und dem neuen Werkstoff durchzuführen, sofern genügend Balsaabfälle zur Verfügung stehen. Zumindest aber müssen entsprechende Handhabungshinweise erfolgen. Aus den Balsaresten sind Modellteile zu formen, die Längs-, Quer-, Diagonal- und Rundschnitte erfordern.

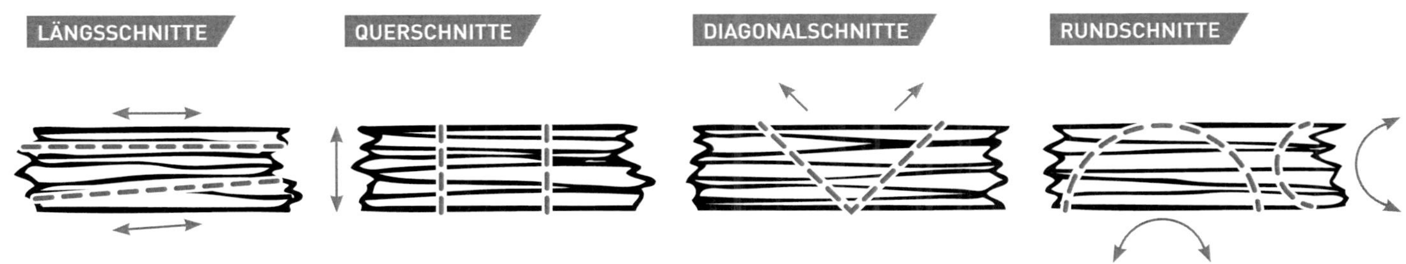

Die Formen werden vorgegeben und der Schüler überträgt sie unter Beachtung des Faserverlaufes auf das Holz. Hierzu markiert er zunächst alle Ansatzpunkte mit spitzem Bleistift, um sie dann miteinander zu verbinden. Alle geraden Schnitte werden entlang einer Reißschiene ausgeführt, die so zu halten ist, dass sie nicht verrutscht und dass die Finger nicht verletzt werden. Das Messer wird dabei senkrecht und unter leichtem Druck an der Schiene entlang geführt, damit die Fasern die Klinge nicht abdrängen.

Bei Diagonal- und Rundschnitten muss das Messer zudem so geführt werden, dass lediglich die Abfallteile weggespaltet werden können. Anderenfalls dringt die Klinge, dem Faserverlauf folgend, leicht in das benötigte Bauteil ein. Besondere Vorsicht ist geboten, wenn zusammenhängende Bauteile durch einen Diagonalschnitt voneinander zu trennen sind.

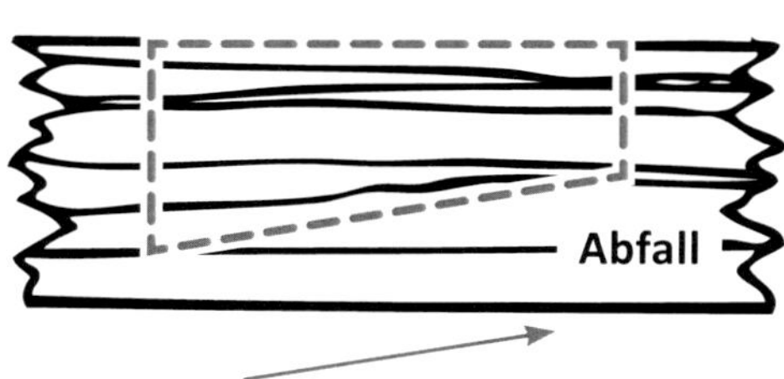

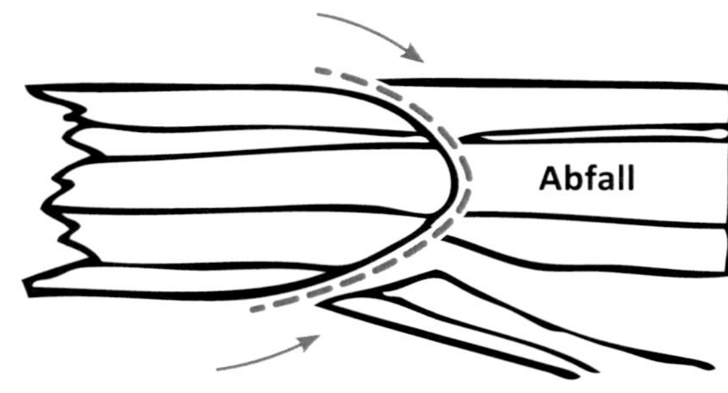

Dem Schnittverlauf des Holzes entspricht auch die Schleifrichtung. So wird vor allem bei Rundungen, die sich kaum ganz zuschneiden lassen, darauf zu achten sein, dass nicht gegen die Faserrichtung geschliffen wird.

- VERWENDUNG VON KLEBSTOFFEN
  Für das Zusammenkleben der Balsateile verwenden wir einen schnell trocknenden Hartkleber oder Weißleime und Kontaktkleber (für Rumpfhälften). Nach dem Auftragen des Klebstoffes und dem Zusammenfügen der Teile sind diese bis zum Abbinden mittels Stecknadeln auf einer Helling oder auf Kartonstützen zu fixieren. Anschließend werden die Verbindungen mit Leim verstärkt.

- PLANUNG UND AUSFÜHRUNG DER ARBEITSGÄNGE
  Der einfache Aufbau der Modellkonstruktionen erlaubt den Verzicht auf vorgegebene Bauanleitungen. In Partnerarbeit vermögen die Schüler die Arbeitsschritte selbst zu entwerfen und vor der endgültigen Ausführung in der gesamten Gruppe zu diskutieren und gegebenenfalls zu korrigieren.

- ALLGEMEINES FÜR DIE FOLGENDEN ANLEITUNGEN
  Die Lehrkraft sollte im Vorfeld für sich abklären, welches handwerkliche Geschick ihre Schüler mitbringen, und danach die Auswahl der Modelle und Vorbereitungen treffen.

  Die Modelle sind alle so konzipiert, dass ein Material sparendes Arbeiten in der Gruppe möglich ist. Durch sorgfältige Planung und gesammelten Materialeinkauf können die entstehenden Kosten reduziert werden. Abfallmaterial wird dadurch auch gering gehalten.

- DIE BAUHILFE (HELLING)

  Unter einer Helling versteht man ursprünglich den Platz in einer Schiffswerft, auf dem ein Schiff gebaut wird, im Flugmodellbau eine Vorrichtung zum genauen Bau von Tragflügel oder des Rumpfes. Die einfachste Form einer Helling ist ein ebenes Brett.

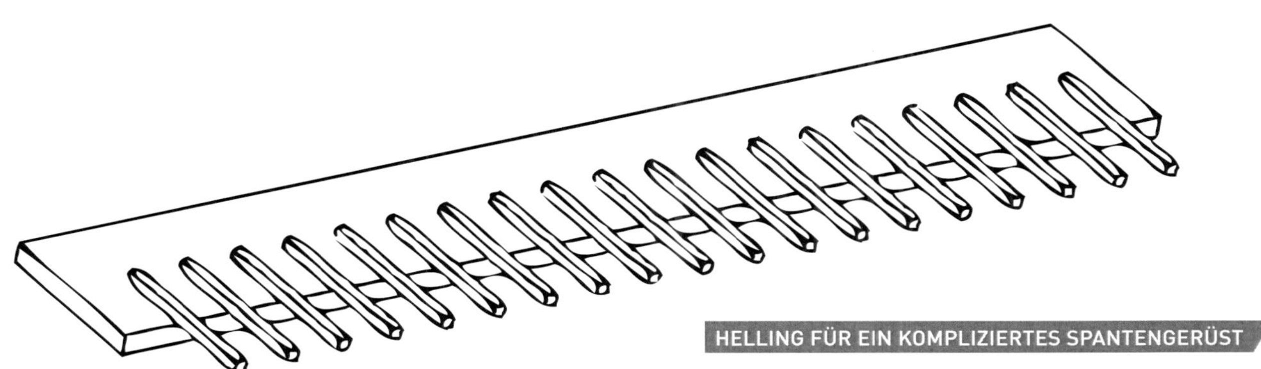

HELLING FÜR EIN KOMPLIZIERTES SPANTENGERÜST

Durch die Verwendung einer solchen Vorrichtung (Helling) lässt sich das Zusammenfügen der Einzelteile erheblich vereinfachen. In die sich ergebenden Zwischenräume werden die Bauteile stets richtig eingelegt und mit den korrekten Winkeln zueinander verklebt. Damit kein Modell in der Helling kleben bleibt, sollte eine Kunststofffolie aufgeklebt werden.

HELLING FÜR FÜNF MODELLE AUS ANDERTHALB BALSABRETTERN

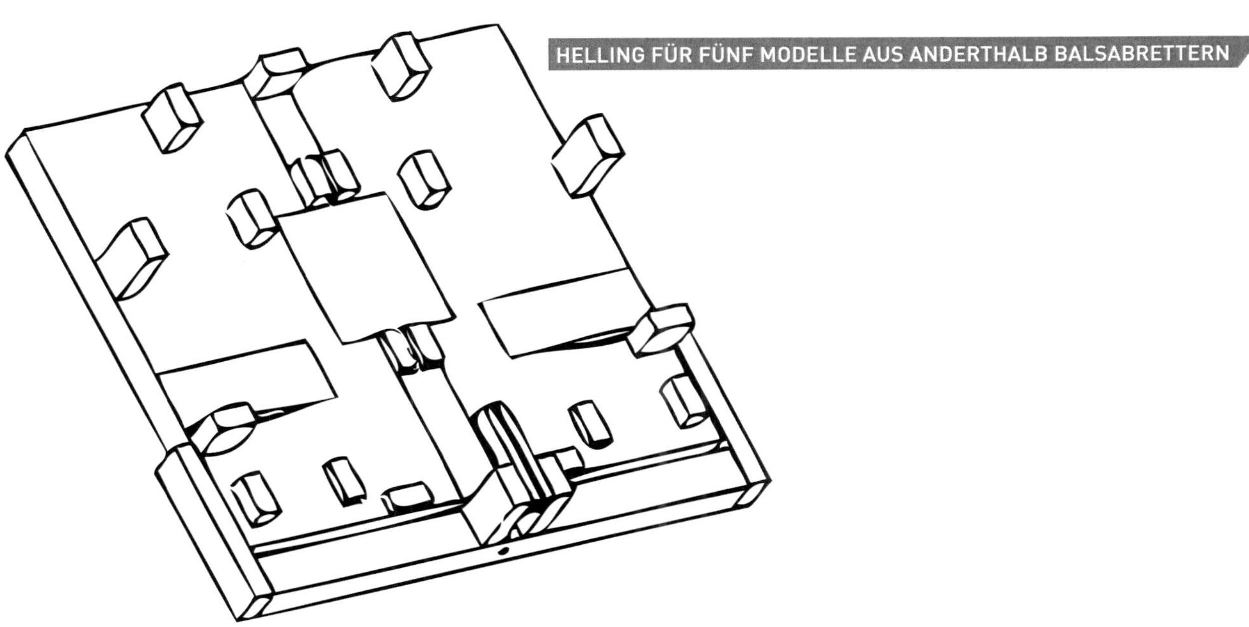

- SCHLEIFEN

  Ein Schleifklotz kann sehr leicht selbst hergestellt werden. Es wird ein Stück gerades Holz entweder auf einer oder auf beiden Seiten mit Schleifpapier beklebt. Das Befestigen erfolgt am besten mit doppelseitigem Klebeband, dadurch kann man abgenütztes Schleifpaper leichter entfernen.

  Natürlich könnte man eine fertige Halterung kaufen, aber diese sind meistens für Kinderhände zu groß.

  Gerade Kanten schleifen (wird in den Anleitungen als schleifen bezeichnet):

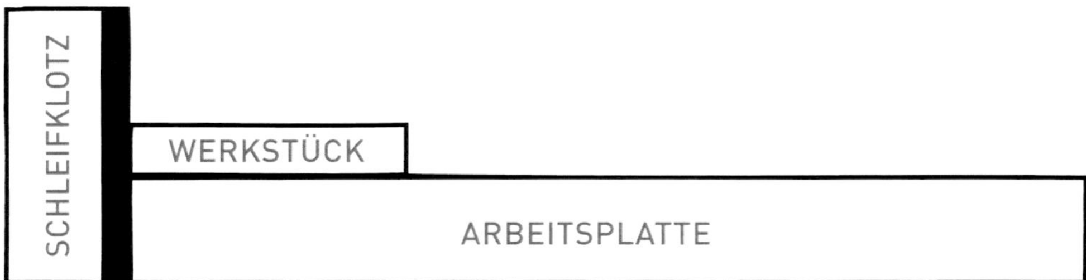

  Das Werkstück auf eine Arbeitsplatte von mindestens 20 mm Höhe legen. Den Schleifklotz an der Stirnseite der Arbeitplatte so lange hin- und herbewegen, bis das Werkstück gerade ist.

- KLEBEN

  Klebearbeiten sollten mit einem Papierkleber, Weißleim Express oder Hartkleber durchgeführt werden.

MATERIAL	MATERIAL	KLEBSTOFF
Papier	Papier	Papierkleber
Balsa	Balsa	Weißleim Express, Hartkleber
Balsa	Kiefer	Weißleim Express, Hartkleber
Balsa, Kiefer	Metall	Hartkleber

- HOLZFASERRICHTUNG

  Die Holzfaserrichtung ist mit diesem Pfeil ←FASERRICHTUNG→ gekennzeichnet.

EIN MODELL RICHTIG AUSWIEGEN UND EINFLIEGEN

- EINSTELLWINKELDIFFERENZ (EWD)

  Die Leistungen von einem Flugzeug hängen von der Einstellwinkeldifferenz und den verwendeten Profilen der Tragfläche und dem Höhenleitwerk ab. Es gibt wenige Ausnahmen, die mit einer EWD von 0 Grad fliegen können, die meisten Flugzeuge verwenden eine EWD zwischen 1–7 Grad. Die Profile von der Tragfläche und dem Höhenleitwerk spielen eine entscheidende Rolle, welche EWD das Flugzeug benötigt. Die EWD wird aus dem Anstellwinkel der Tragflächen und dem Höhenleitwerk berechnet. Die Einstellwinkeldifferenz muss immer positiv sein. Bei den kleinen Modellen mit Stecksystem kann man die positiven und negativen Auswirkungen demonstrieren.

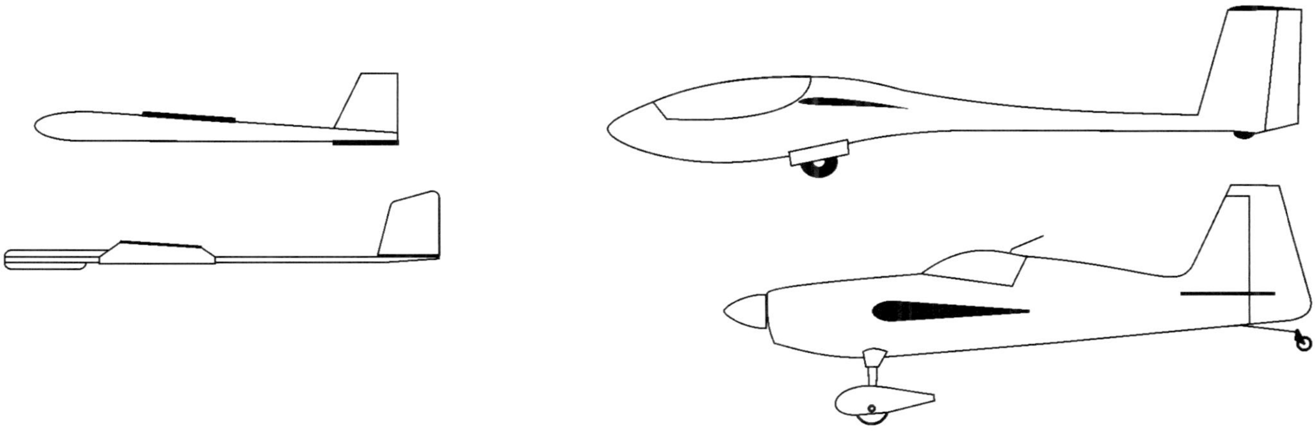

- DER SCHWERPUNKT (S ODER C. G.)

  Als Erstes muss die richtige Lage des Schwerpunktes festgelegt werden. In den meisten Plänen wird der Schwerpunkt mit diesem Symbol ⊕ angegeben. Es kann auch ein S oder C. G. (center of gravitiy) mit einem Pfeil oder Maß angegeben sein. Man sollte diese Lage einhalten, da sie erprobt ist.

  Falls in einer Bauanleitung bzw. einem Bauplan keine Angaben zum Schwerpunkt gemacht werden, wird meistens von der Flügeltiefe ausgehend im ersten Drittel des Tragflügels (von der Nasenleiste weg) der Schwerpunkt festgelegt.

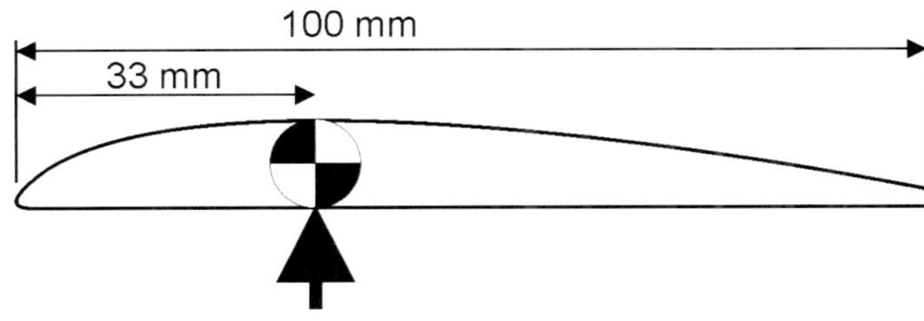

Die meisten Modelle in diesem Buch können – durch ihre Größe – in einem Turnsaal eingeflogen werden. Der Vorteil liegt darin, dass in einem Turnsaal absolute Windstille herrscht und das Modell genau beobachtet werden kann. Natürlich können die Modelle an einem windstillen Tag auch im Freien eingeflogen werden. Wind würde das Einfliegen erschweren, weil die Beobachtungen nicht mehr folgerichtig gedeutet werden können. Falls Korrekturen notwendig sind, stets nur **eine** Änderung durchführen. Damit kann man überprüfen, ob die Modifikation zum richtigen Erfolg geführt hat. Die kleinen Modelle können auch in einem Klassenzimmer oder breiten Gang eingeflogen werden.

Wichtig ist, dass das Modell – mit der Nase nach unten geneigt – leicht in die Luft geschoben wird.

Der ideale Flug eines Modells sieht so aus:

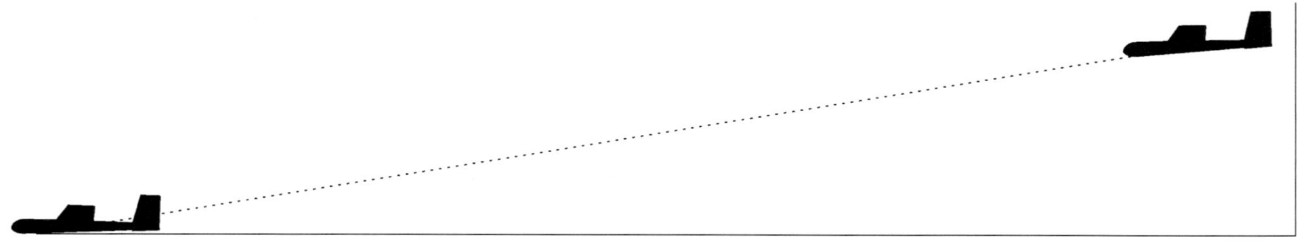

Es wird sicher einige Modelle geben, die diese Flugbahn nicht aufweisen. Diese Modelle sollten dann genauer untersucht und die Fehler ausgebessert werden, damit die oben angeführte Flugbahn erreicht wird.

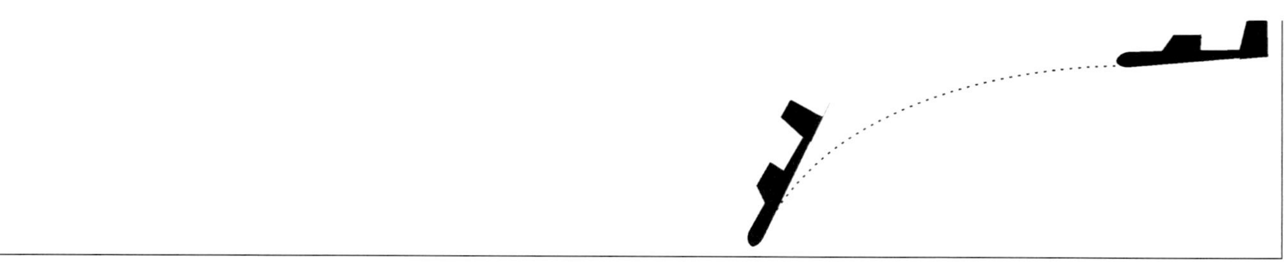

Falls das Modell diese Flugbahn aufweist, ist es **kopflastig** (der Schwerpunkt ist **zu weit hinten**).
Abhilfe: weniger Trimmgewicht, Einstellwinkeldifferenz erhöhen

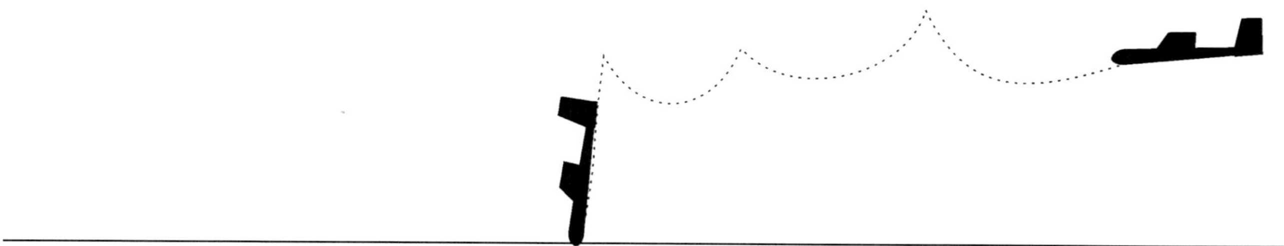

Falls das Modell diese Flugbahn aufweist, ist es **hecklastig** (der Schwerpunkt ist **zu weit vorne**).
Abhilfe: mehr Trimmgewicht, Einstellwinkeldifferenz verkleinern

Wenn die Modelle eingeflogen sind, könnte man den ersten Klassenwettbewerb durchführen.

CHECKLISTE: WENN DAS MODELL NICHT RICHTIG FLIEGT

FEHLER	URSACHE	BEHEBUNG
Kurzer Flug und schneller Höhenverlust	Kopflastig = zu viel Ballast, zu wenig EWD	Ballast verringern und den Schwerpunkt kontrollieren Hinteres Ende des Höhenleitwerks nach oben biegen
Das Modell fliegt eine Wellenlinie	Hecklastig = zu wenig Ballast	Ballast erhöhen und den Schwerpunkt kontrollieren
Kein gerader Flug möglich, immer Kurvenflug, Spiralsturz	Das Seiten- oder Höhenleitwerk ist schief montiert Eine Fläche ist schwerer Verschiedene Anstellwinkel der Flächen Ein Verzug in der Tragfläche oder im Höhenleitwerk	Seiten- oder Höhenleitwerk korrigieren Auf die leichtere Fläche ein Ausgleichsgewicht montieren Anstellwinkel mit Querrudertrimmklappen korrigieren Verzug in die Gegenrichtung biegen
Seitliches Abkippen, Abschmieren über die Fläche	Keine oder zu wenig V-Form	V-Form erhöhen

BAUPLÄNE UND HINWEISE ZU FÜNF FLUGMODELLEN AUS ANDERTHALB BALSABRETTERN

Die hier beschriebenen Grundformen von Flugzeug- und Flugmodelltypen werden auf dieser Reduktionsstufe (entsprechend den Lernzielen) mit ebenen, nicht profilierten Tragflächen gebaut. Die Vorschläge für die Modelle „Fünf aus anderthalb Brettern" basieren auf dem Entwurf von K.-H. Denzin: Fünf Balsagleiter aus einem Brettchen. So gelangt der jugendliche Modellbauer schnell und preiswert zu gut fliegenden Modellvarianten.

FÜNF MODELLE AUS ANDERTHALB BALSABRETTERN

(Konstruktionen in Anlehnung an K.-H. Denzins „Fünf aus einem Brett")

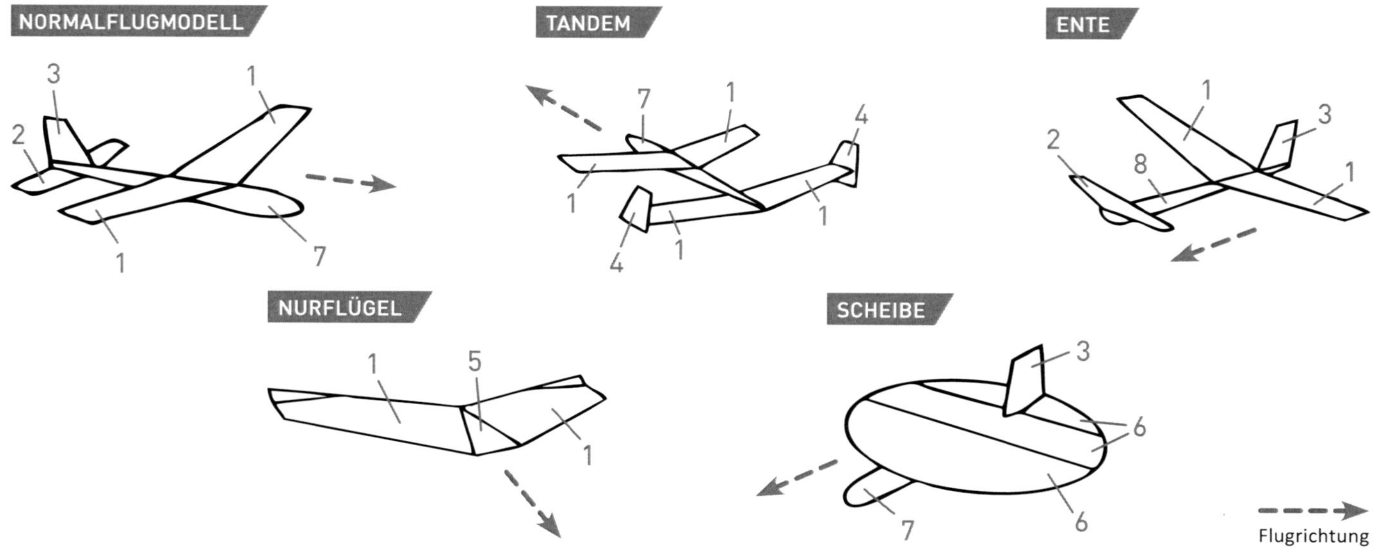

POSITION	ANZAHL	BAUTEIL
Teil 1	10	Tragflügel
Teil 2	2	Höhenleitwerk/Vorflügel
Teil 3	3	Seitenleitwerk
Teil 4	2	Seitenleitwerk
Teil 5	1	Mittelstück Nurflügel
Teil 6	2	Tragflügel Scheibe
Teil 7	6	Rumpf für Normalmodell, Tandem, Scheibe
Teil 8 (a, b)	2	Rumpf für Entenmodell

Die Aufteilung des Balsabretts kann erfolgen durch Übertragen der Bauplanmaße oder durch Auflegen und Abzeichnen von Bauteilschablonen.
Für die Herstellung der Schablonen ist Aluminium- bzw. Duralblech oder Pertinax gut geeignet, da es sich bei normaler Beanspruchung nicht abnutzt. Karton und Sperrholz eignen sich nur bedingt durch die mögliche Abnutzung als Schablonenmaterial (Vorteil: einfachere Herstellung). Ein Ausschneiden der Bauteile mithilfe der Schablonen sollte vermieden werden.

Vor Baubeginn sind die Rumpfteile 7 und 8 jeweils doppelt herzustellen, um die Rumpfdicke von 3 mm zu erreichen. Falls die Rundungen der Rümpfe den Schülern zu große Schwierigkeiten bereiten, kann auf die vereinfachten Rumpfformen zurückgegriffen werden. Bei dem Entenmodell ist dann allerdings die Verwendung der Helling nicht möglich, da sich der Vorflügel an der Rumpfunterseite befindet.

Das für die Rümpfe vorgesehene Balsabrett wird zunächst in Querrichtung halbiert und die so erhaltenen beiden Teile mit den Maßen 200 x 100 mm werden zusammengeklebt. Zum Verkleben empfiehlt sich Kontaktkleber. Weißleim bringt Verzugsgefahr. Beim Einsatz von Kontaktkleber beide Teile dünn (keine Schlieren bilden lassen) einstreichen und kurz antrocknen lassen, bis der Kleber bei einer Fingerprobe keine Fäden mehr zieht. Holzteile zusammenfügen und mit einer breiten Holzauflage andrücken. Rümpfe aus dem nunmehr 3 mm starken Brett gemäß Bauplan herausschneiden.

Für alle weiteren Verklebungen Hartkleber verwenden. Hirnholz vorkleben, d.h. mit Kleber einstreichen, kurz antrocknen lassen und dann erneute Kleberzugabe mit anschließender Verklebung vornehmen.

Für den Gruppenbetrieb empfiehlt sich, eine oder mehrere Hellingen vorzubereiten.

NORMALFLUGMODELL

Höhenleitwerk (Teil 2) mit zwei Stecknadeln auf das Baubrett heften und Rumpf (Teil 7) aufkleben. Rumpf in Höhe der Tragflügel mit Abfallholz 1,5 mm unterlegen und mit Stecknadeln fixieren. Seitenleitwerk (Teil 3) auf den Rumpf kleben und mit einer schräg durchgesteckten Stecknadel rechtwinklig zum Höhenleitwerk ausrichten (siehe Abbildung 1). Tragflügel (Teil 1) auf den Rumpf kleben und Tragflügelenden durch Stützen (Karton, Streichholzschachtel, Klotz, Holzstreifen) auf die im Plan angegebene V-Form anheben (siehe Abbildung 2).

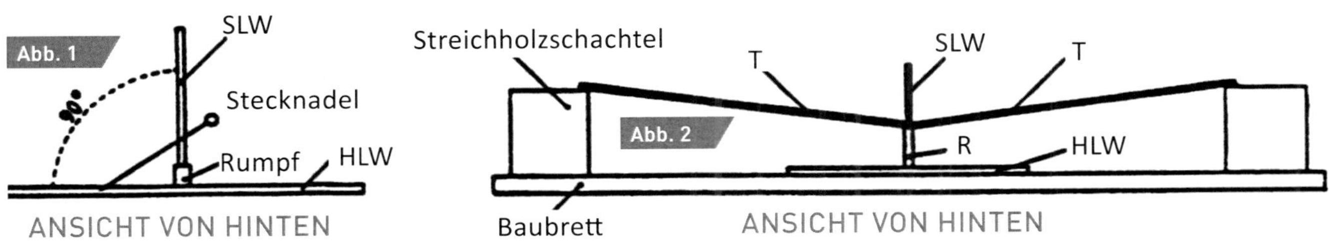

TANDEM

Baubrett mit Kunststofffolie abdecken, die hinteren Tragflügel (Teil 1) verkleben und Tragflügelenden durch Stützen auf die entsprechende V-Form bringen. Rumpf (Teil 7) auf den hinteren Flügel aufkleben, im Bereich des vorderen Tragflügels 1,5 mm mit Abfallholz unterlegen und rechtwinklig zum Baubrett befestigen. Vorderen Tragflügel (Teil 1) auf den Rumpf kleben und die Enden wiederum anheben und abstützen. Abschließend die beiden Seitenleitwerke (Teil 4) seitlich an die hinteren Tragflügel kleben und dabei auf senkrechte Ausrichtung zum Baubrett achten. Die Hinterkanten der Seitenleitwerke, welche mit der Unterkante auf dem Baubrett stehen, fluchten mit den Hinterkanten der Tragflügel.

ENTE

Der Rumpf des Entenmodells weist für den Vorflügel einen Keil auf. Dieser Keil (Teil 8b) ist aus Resten herzustellen und mit Teil 8a zu verkleben. Der Rumpf (Teile 8a und b) kann auch in einem Stück hergestellt werden. Den Rumpf (Teile 8a und b) mit Stecknadeln senkrecht auf dem Baubrett fixieren und anschließend Seitenleitwerk (Teil 3) wie beim Normalmodell aufkleben, ebenso Tragflügel (Teil 1). Vorflügel (Teil 2) auf den Rumpf kleben und an den Enden abstützen. Auf rechten Winkel zum Rumpf achten.

SCHEIBE

Baubrett mit Folie abdecken und die beiden Tragflügelhälften (Teil 6) verkleben. Hinteren Teil des Kreises laut Plan abtrennen, 3 mm anheben, mit Abfallstück unterlegen, verkleben und fixieren. Seitenleitwerk laut Plan anpassen und senkrecht auf Tragflügel kleben. Nach dem Aushärten des Klebers die Tragfläche umgedreht auf das Baubrett heften, sodass das Seitenleitwerk nach unten zeigt und über das Baubrett hinausragt. Anschließend Rumpf (Teil 7) senkrecht auf die Unterseite des Tragflügels kleben.

NURFLÜGEL

Die Keile der Tragflügelhälften (Teil 1) laut Plan abtrennen und die Tragflügelhälften mit dem Mittelstück (Teil 5) auf dem mit Folie abgedeckten Baubrett verkleben. Die von den Teilen 1 abgetrennten Keile wie bei der Scheibe anheben und verkleben.

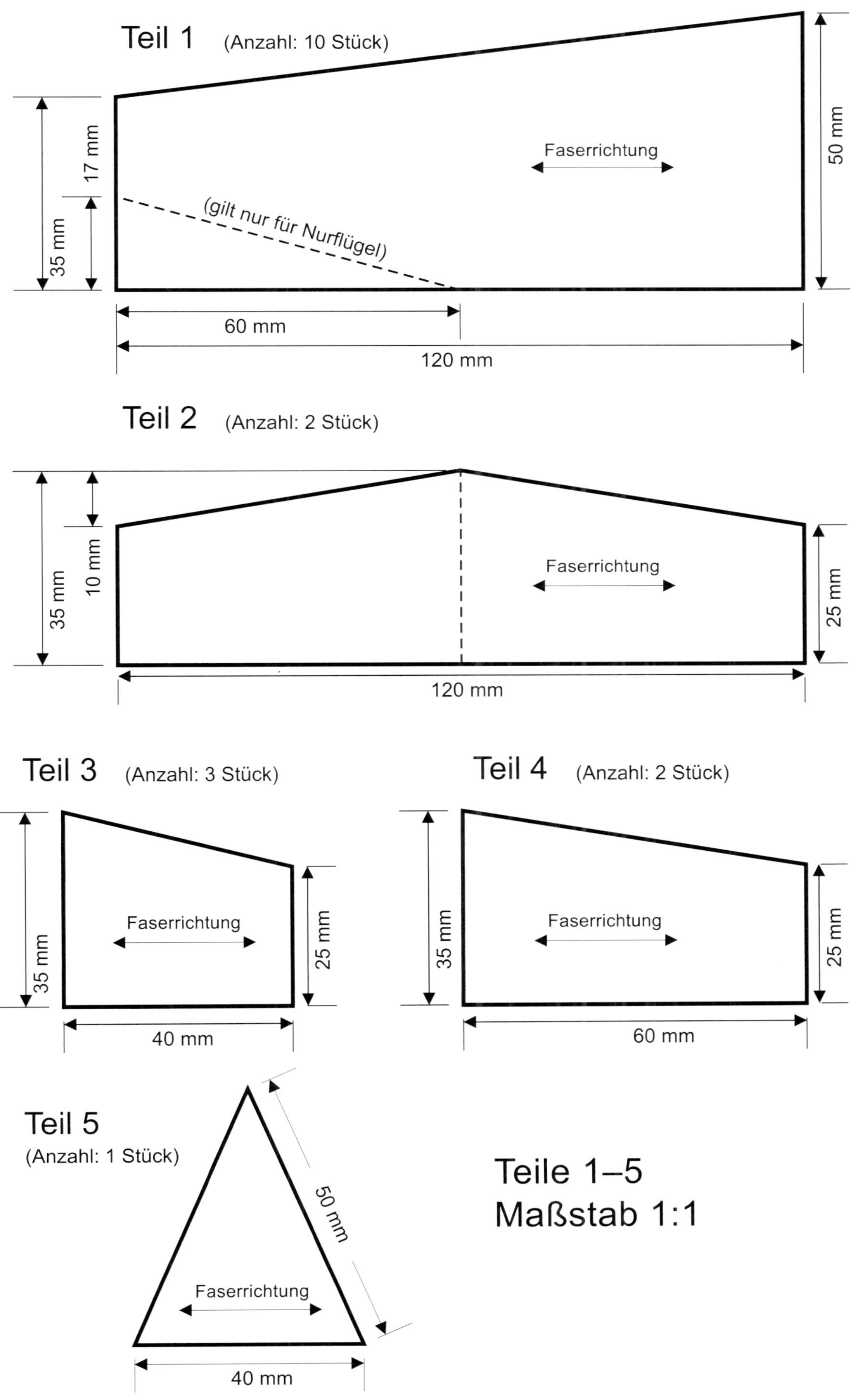
Teil 1 (Anzahl: 10 Stück)
35 mm
17 mm
(gilt nur für Nurflügel)
Faserrichtung
50 mm
60 mm
120 mm
Teil 2 (Anzahl: 2 Stück)
35 mm
10 mm
Faserrichtung
25 mm
120 mm
Teil 3 (Anzahl: 3 Stück)
35 mm
Faserrichtung
25 mm
40 mm
Teil 4 (Anzahl: 2 Stück)
35 mm
Faserrichtung
25 mm
60 mm
Teil 5
(Anzahl: 1 Stück)
50 mm
Faserrichtung
40 mm
Teile 1–5
Maßstab 1:1

Teil 6

Draufsicht

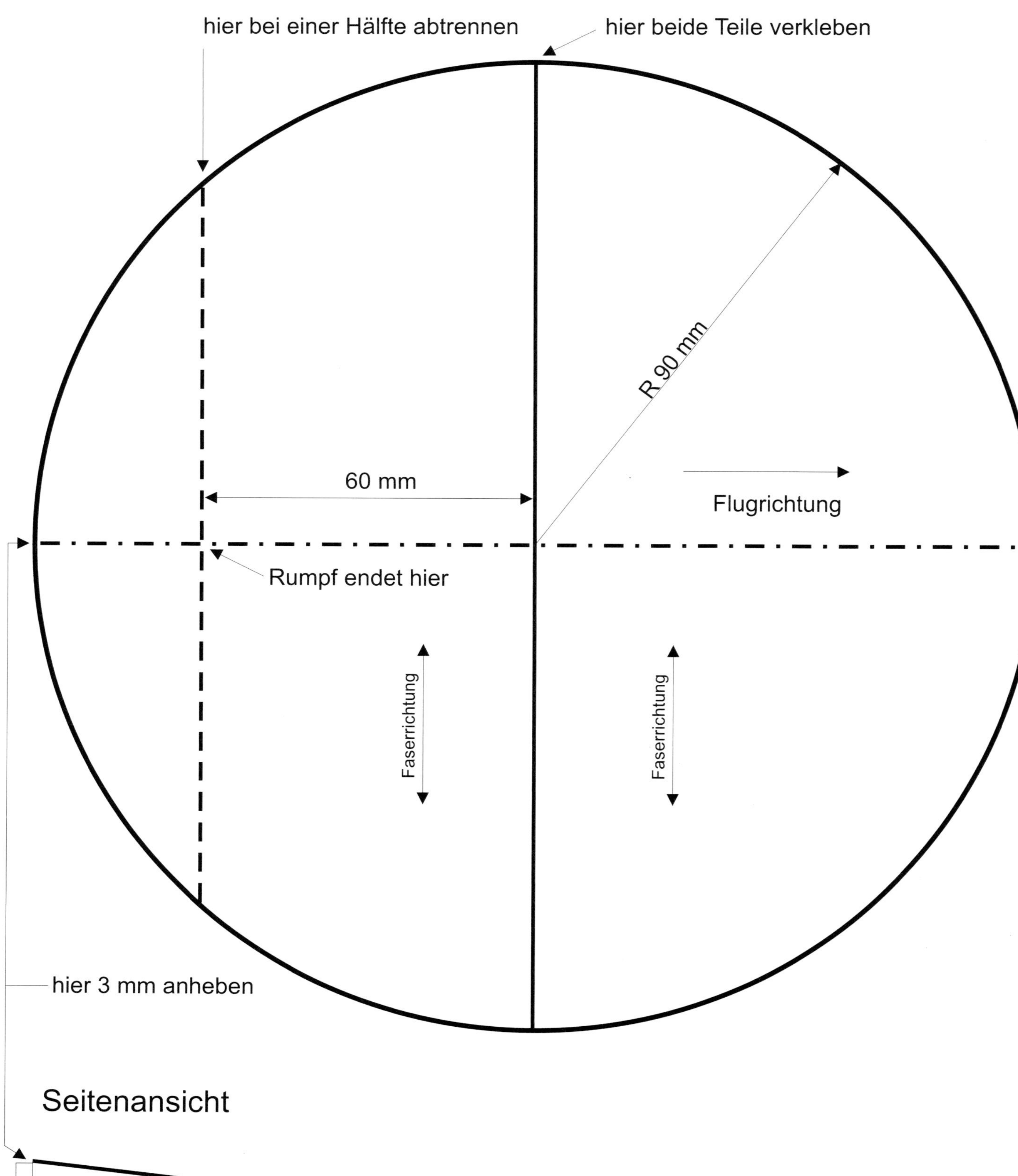

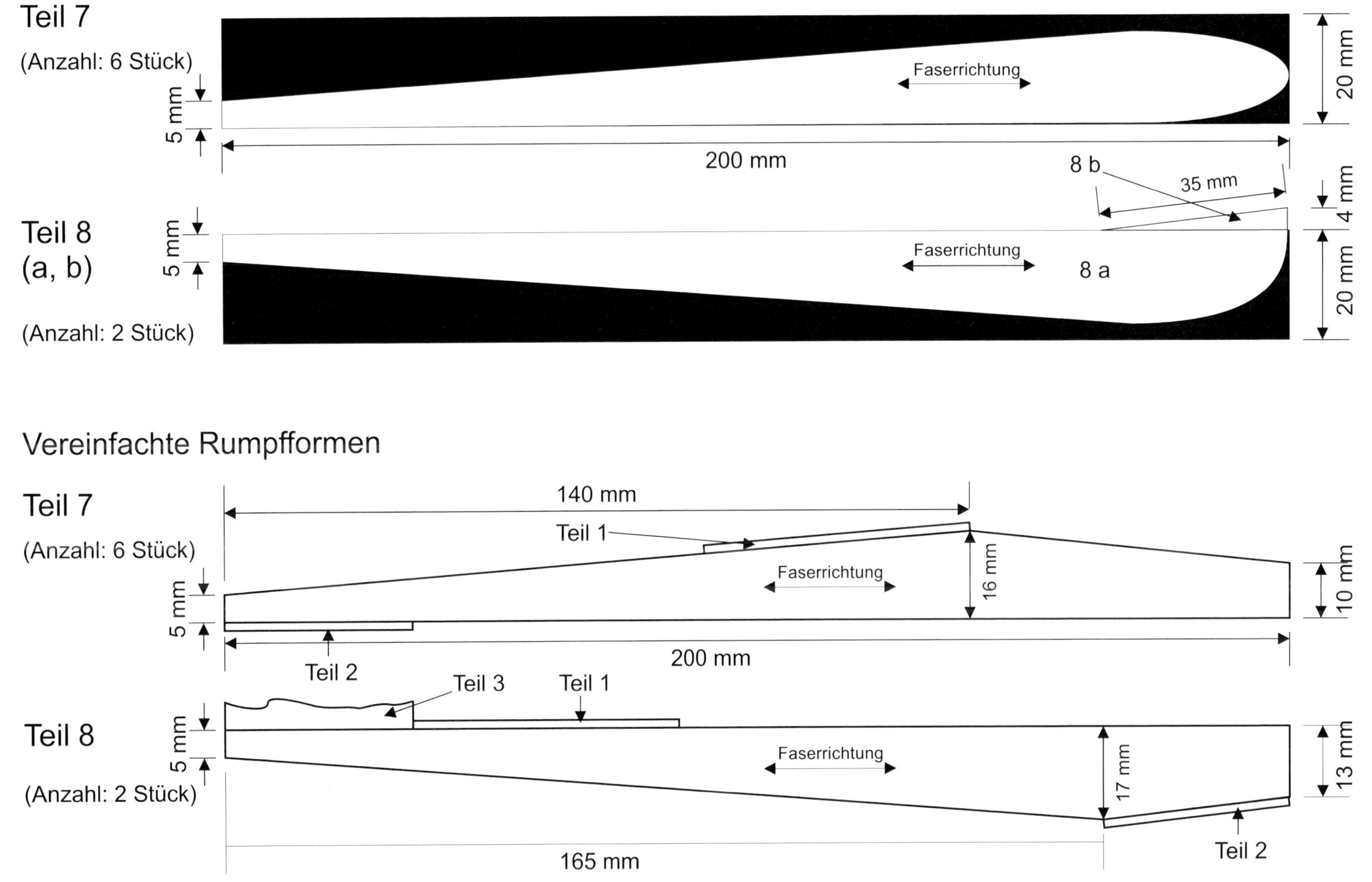
Teil 7
(Anzahl: 6 Stück)
5 mm
Faserrichtung
20 mm
200 mm
8 b
35 mm
4 mm
Teil 8
(a, b)
5 mm
Faserrichtung
8 a
20 mm
(Anzahl: 2 Stück)
Vereinfachte Rumpfformen
140 mm
Teil 7
(Anzahl: 6 Stück)
Teil 1
16 mm
Faserrichtung
5 mm
10 mm
Teil 2
200 mm
Teil 3
Teil 1
Teil 8
5 mm
Faserrichtung
17 mm
13 mm
(Anzahl: 2 Stück)
165 mm
Teil 2

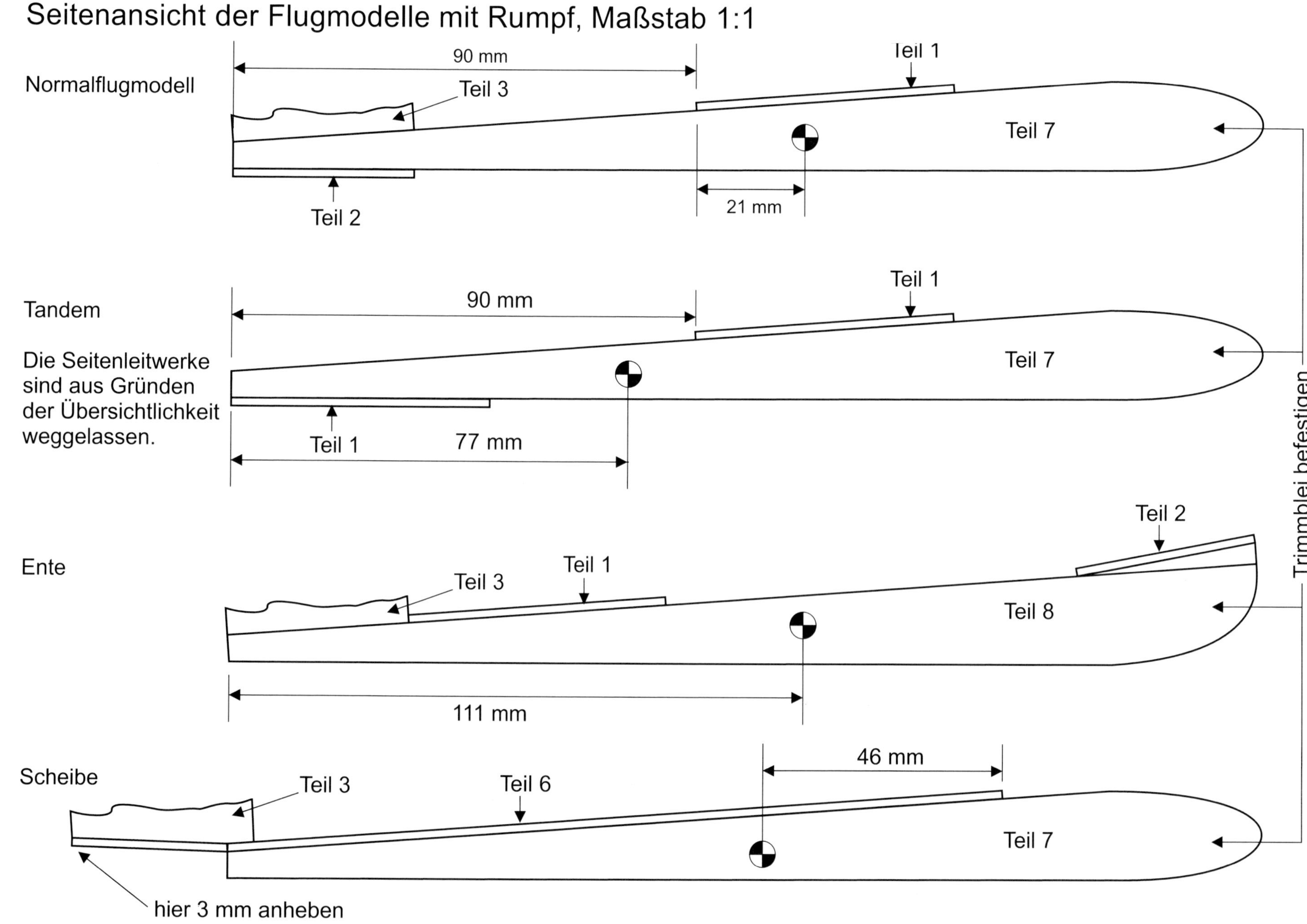
Seitenansicht der Flugmodelle mit Rumpf, Maßstab 1:1
Normalflugmodell
90 mm
Teil 3
Teil 1
Teil 7
Teil 2
21 mm
Tandem
Die Seitenleitwerke sind aus Gründen der Übersichtlichkeit weggelassen.
90 mm
Teil 1
Teil 7
Teil 1
77 mm
Trimmblei befestigen
Ente
Teil 2
Teil 3
Teil 1
Teil 8
111 mm
Scheibe
46 mm
Teil 3
Teil 6
Teil 7
hier 3 mm anheben

Draufsicht des Nurflügels, Maßstab 1:1

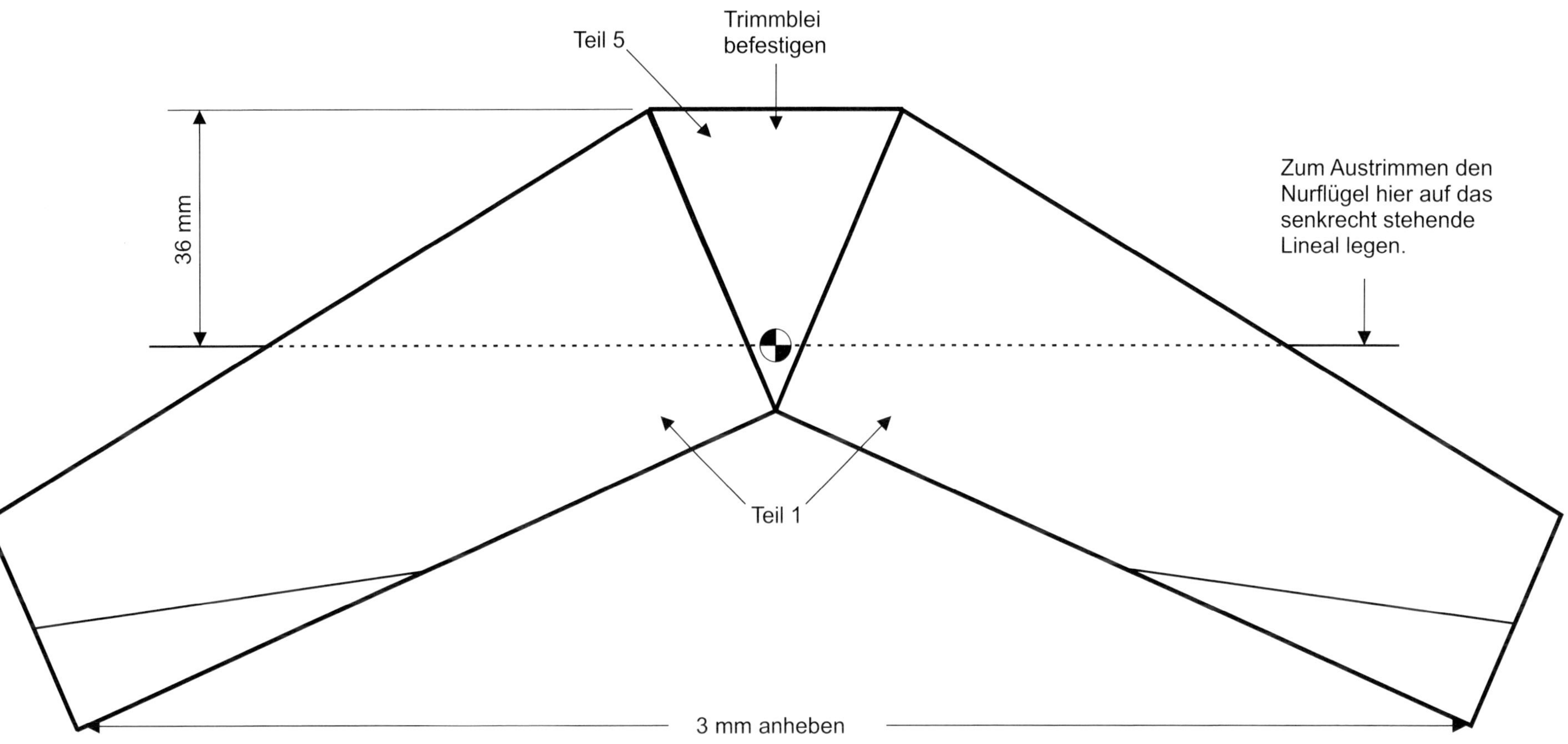

Das Modell wird ohne V-Form gebaut.

Zum Starten das Modell auf den Daumen legen, mit dem Zeige- und Mittelfinger von oben festhalten.

Draufsicht   Maßstab 1:5

Aufteilung der Balsabretter 1000 x 100 x 1,5 mm und 500 x 100 x 1,5 mm

1 1 1 1 1
1 1 1 1 1
7 7 7 8 (a, b)
7 7 7 8 (a, b)
100 mm
1000 mm

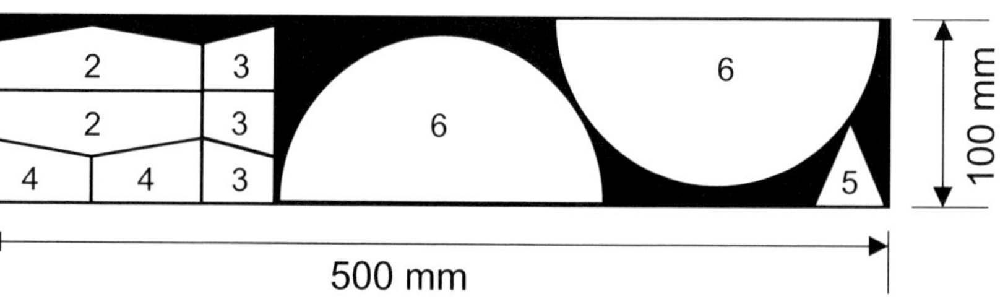

= Abfall bzw. Rest, der für weitere Teile verwendet werden kann

Einfache V-Formen

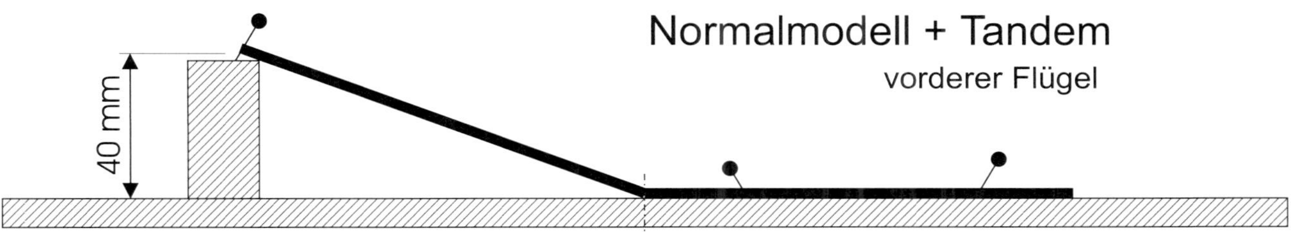

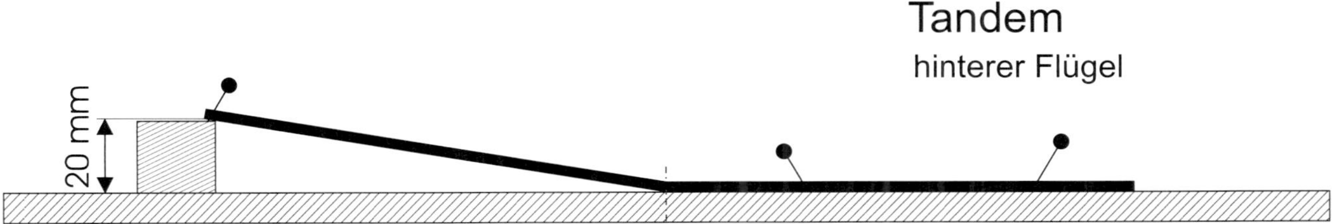

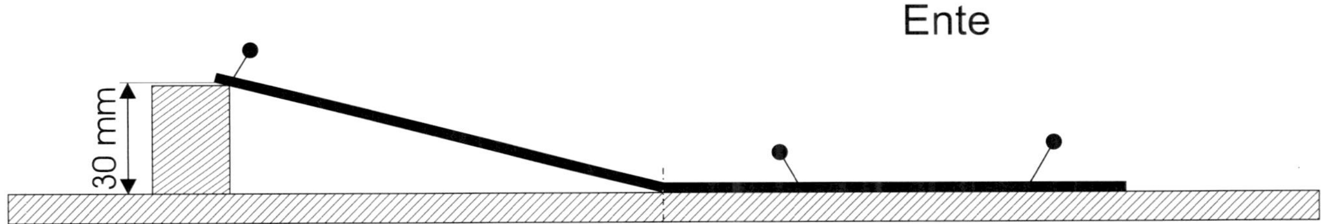

Doppelte bzw. mehrfache V-Formen

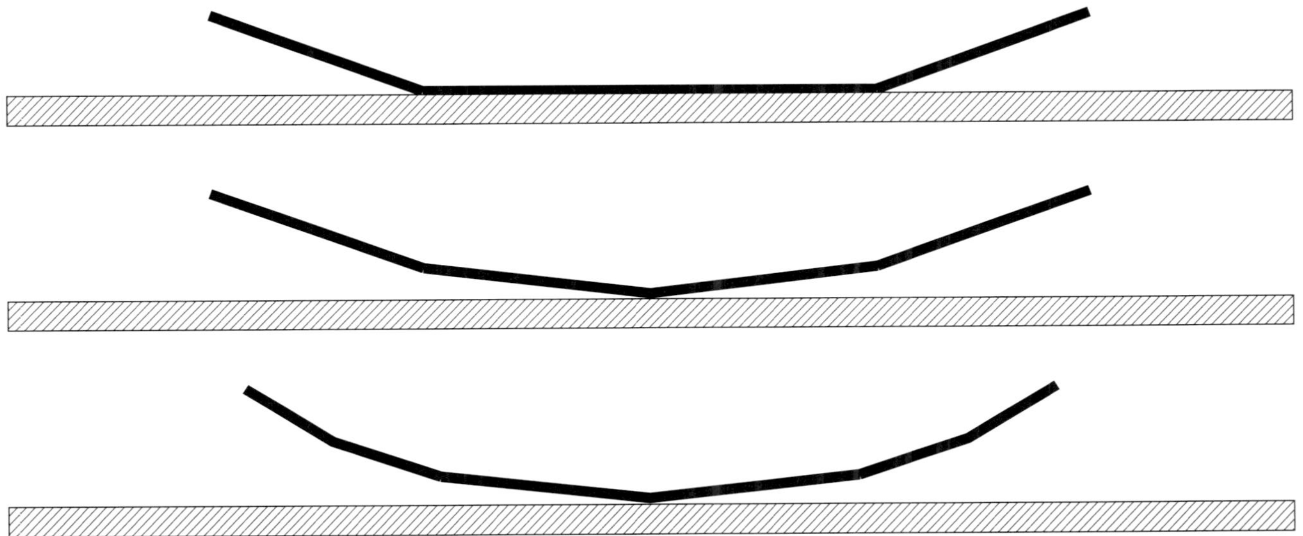

HELLING FÜR FÜNF MODELLE AUS ANDERTHALB BALSABRETTERN

BENÖTIGTES MATERIAL:

1 Stk. Grundplatte 251 x 220 x 19 mm
1 Stk. Leiste 3 x 3 x 100 mm
1 Stk. Leiste 5 x 10 x 120 mm
1 Stk. Leiste 10 x 20 x 270 mm
1 Stk. selbstklebende Folie

WERKZEUG:

1 Stk. Dreieck
1 Stk. Bleistift
1 Stk. Balsamesser
1 Stk. Gehrungssäge + -lade
1 Stk. Schleifklotz
1 Stk. kleine Schachtel

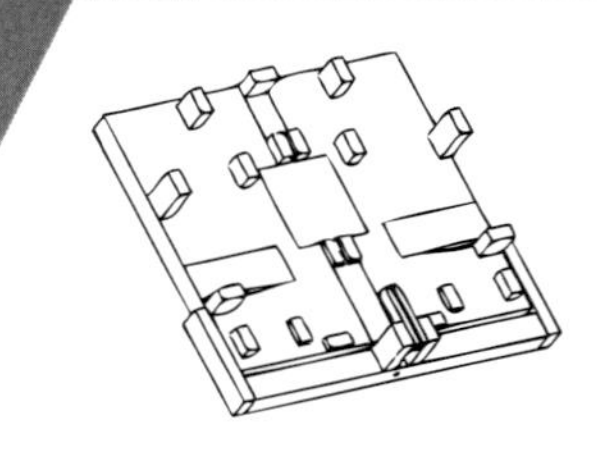

KLEBSTOFF: **Leim, Hartkleber oder Alleskleber**
ZEITAUFWAND: **2–3 Stunden**

ARBEITSVORBEREITUNG

Die Leisten (Kiefer oder hartes Balsaholz) sind in 1000 mm Stücken im Fachhandel zu beziehen. Es wäre von Vorteil, das komplette Material von einer Person besorgen zu lassen und im Unterricht zuzuschneiden und zu verteilen. Die Grundplatte sollte eine unbehandelte, unbeschichtete Holzplatte sein. Die Stärke kann je nach Festigkeit der Holzplatte (Sperrholz, MDF, Presspanplatte) zwischen 5 und 19 mm liegen.

ARBEITSSCHRITTE IM UNTERRICHT

Zuerst werden alle Leisten mit der Gehrungssäge auf Maß zugeschnitten und **nummeriert**.

TEIL	LEISTE	LÄNGE	STÜCKZAHL
1	Grundbrett		1
2	5 x 10 mm	20 mm	6
3	10 x 20 mm	10 mm	4
4	10 x 20 mm	18 mm	2
5	10 x 20 mm	20 mm	1
6	10 x 20 mm	22 mm	4
7	10 x 20 mm	40 mm	2
8	3 x 3 mm	50 mm	2

Bis zur Weiterverarbeitung die Leisten in der kleinen Schachtel aufheben.

Als Basislinie für die einzelnen Leisten wird auf der Grundplatte (1) eine Mittellinie eingezeichnet. Nun werden die einzelnen Positionen der Steher links und rechts von der Mittellinie auf der Grundplatte eingezeichnet. Die einzelnen Maße sind auf der Seite 34 zu finden. Die Steher in der Reihenfolge von innen nach außen verkleben. Während der Trockenzeit kann je ein Stück 23 x 37 mm, 23 x 65 mm, 60 x 65 mm und zwei Stück 30 x 80 mm aus der selbstklebenden Folie (9) ausgeschnitten werden. Die Platzierung der Folienstücke ist auf der Seite 34 zu finden.

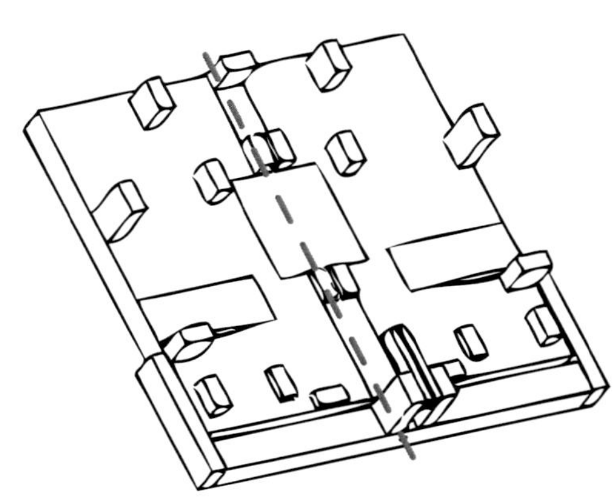

Als Option kann eine zusätzliche Haltehilfe für das Seitenleitwerk gebaut werden.

BENÖTIGTES MATERIAL:

1 Stk. Grundplatte 251 x 20 x 19 mm
2 Stk. Leiste 5 x 10 x 50 mm
2 Stk. Leiste 10 x 20 x 80 mm
2 Stk. Leiste 10 x 20 x 40 mm
1 Stk. Leiste 10 x 20 x 1,5 mm
1 Stk. Buchenrundstab ø 4 x 50 mm

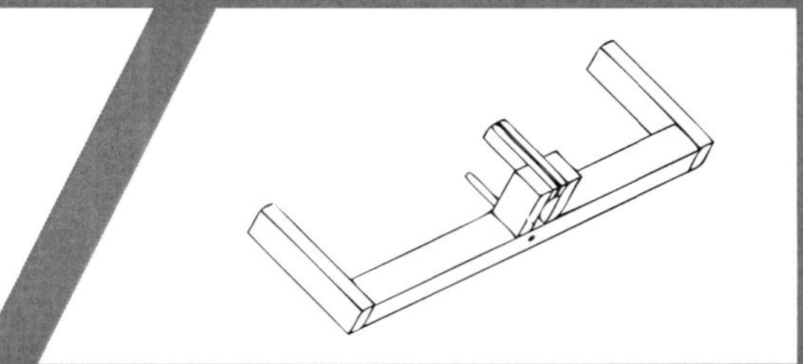

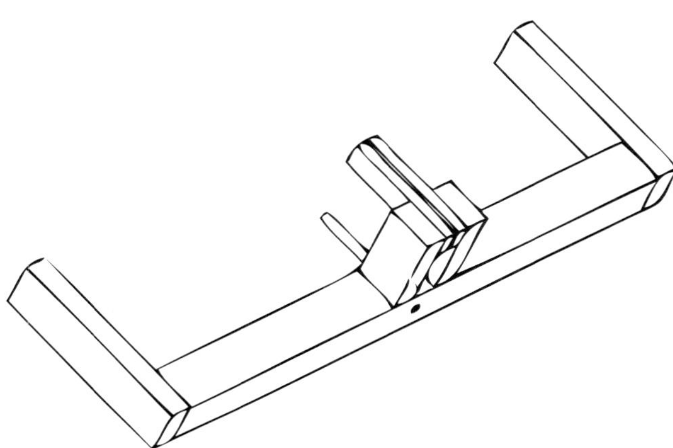

Diese Halterung wird folgendermaßen zusammengebaut. Das Plättchen 10 x 20 x 1,5 mm wird links und rechts mit den Leisten 5 x 10 x 50 mm verklebt. In der Trockenzeit kann die Grundplatte links und rechts mit den Leisten 10 x 20 x 80 mm laut Zeichnung verklebt werden. Die zwei übrigen Leisten mit der Führung im rechten Winkel verkleben. Danach auf der Grundplatte mittig verkleben. Wenn alles gut getrocknet ist, kann das Loch für den Zentrierstift gemeinsam mit der Helling gebohrt werden. Den Zentrierstift in der Seitenleitwerksstütze verkleben.

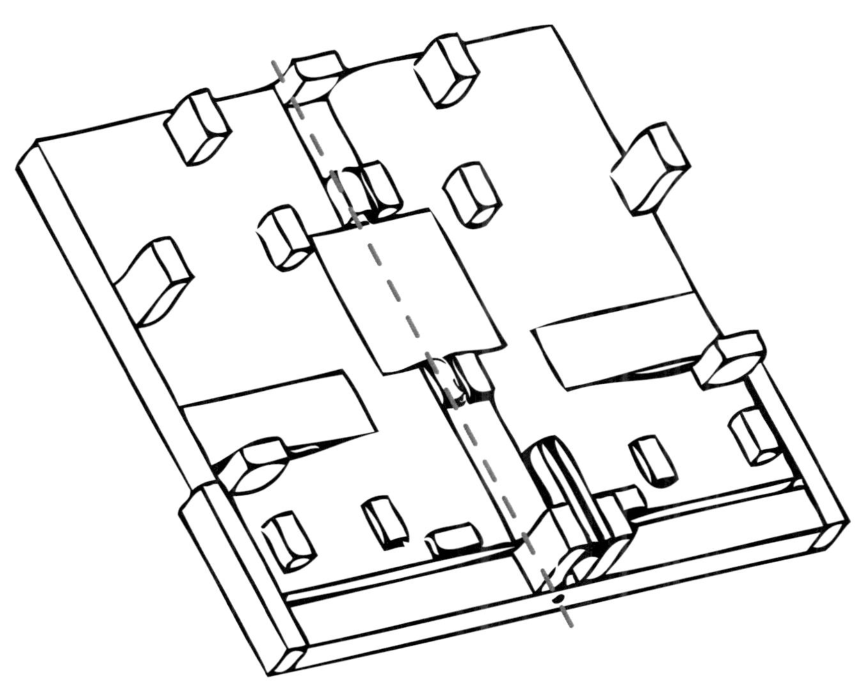

Draufsicht, Maßstab 1:2

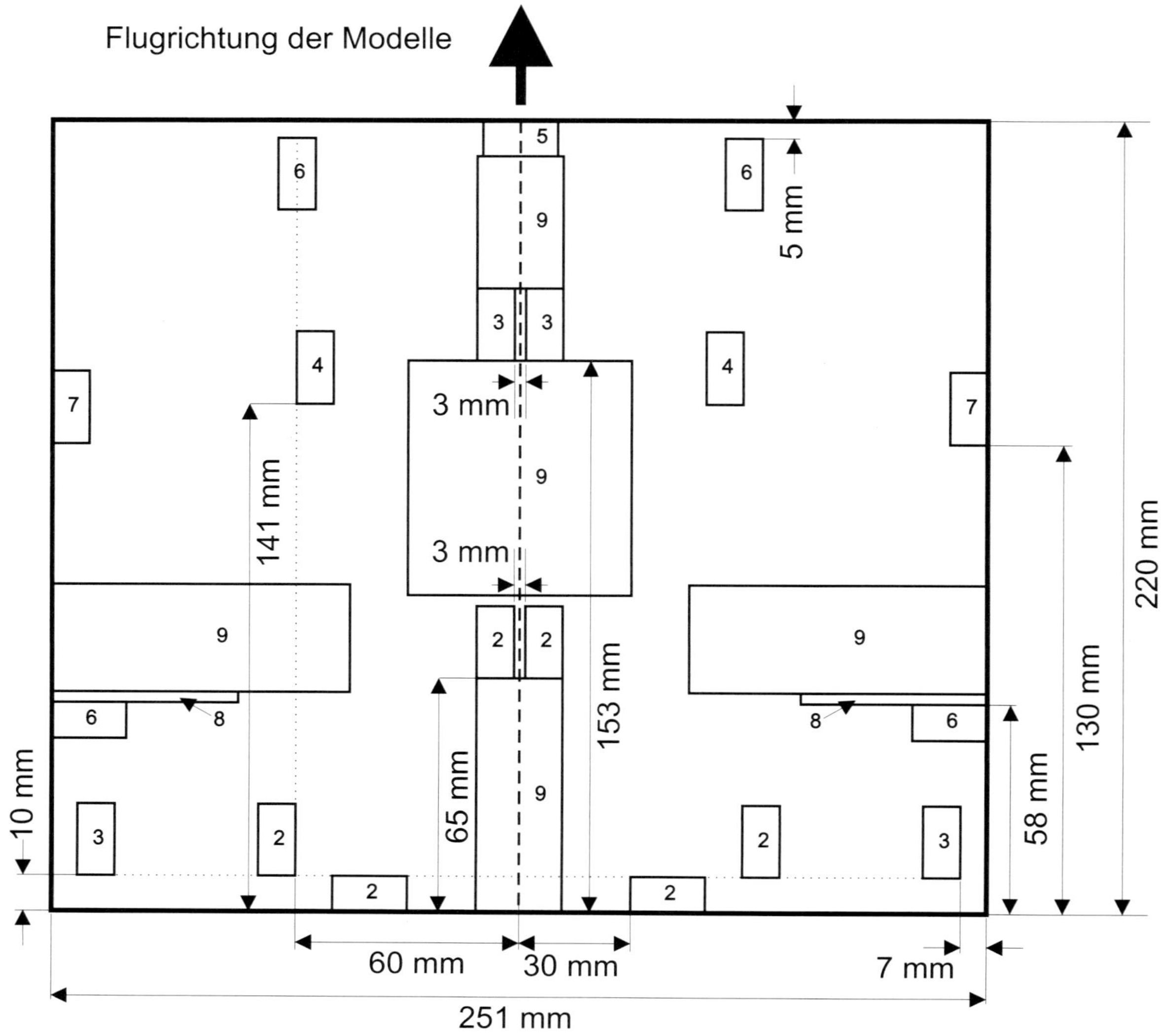

Flugrichtung der Modelle
5
6
6
9
5 mm
3
3
4
4
7
7
3 mm
9
141 mm
3 mm
220 mm
9
9
2
2
153 mm
130 mm
6
8
8
6
10 mm
65 mm
9
58 mm
3
2
2
3
2
2
60 mm
30 mm
7 mm
251 mm

Ansicht von hinten

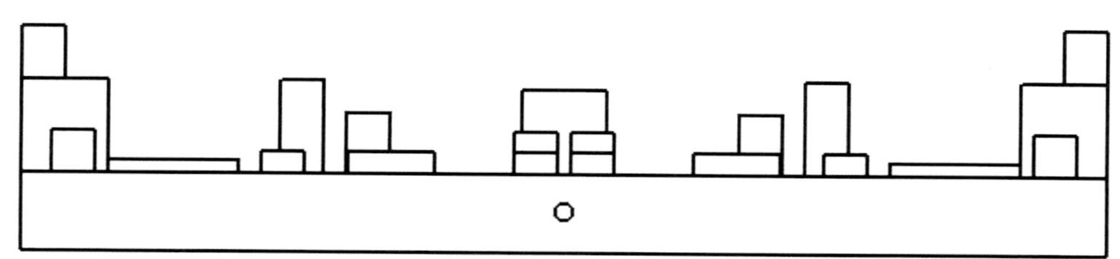

Draufsicht mit Modell

Flugrichtung
des Normalflugmodells

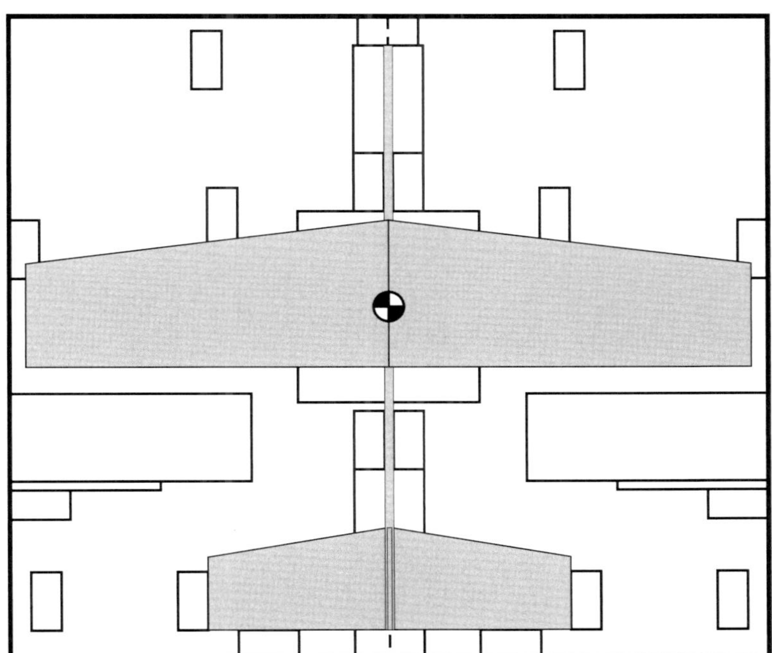

Schwerpunktlage 111 mm
vom Rumpfende gemessen

Tragflächenposition 90 mm
vom Rumpfende gemessen

Flugrichtung
der Ente

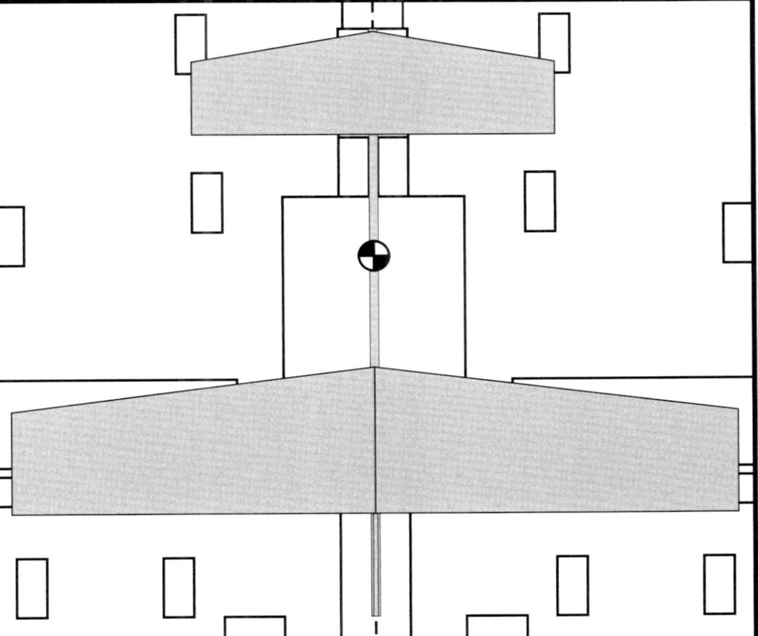

Schwerpunktlage 111 mm
vom Rumpfende gemessen

Draufsicht mit Modell

Flugrichtung
des Nurflüglers

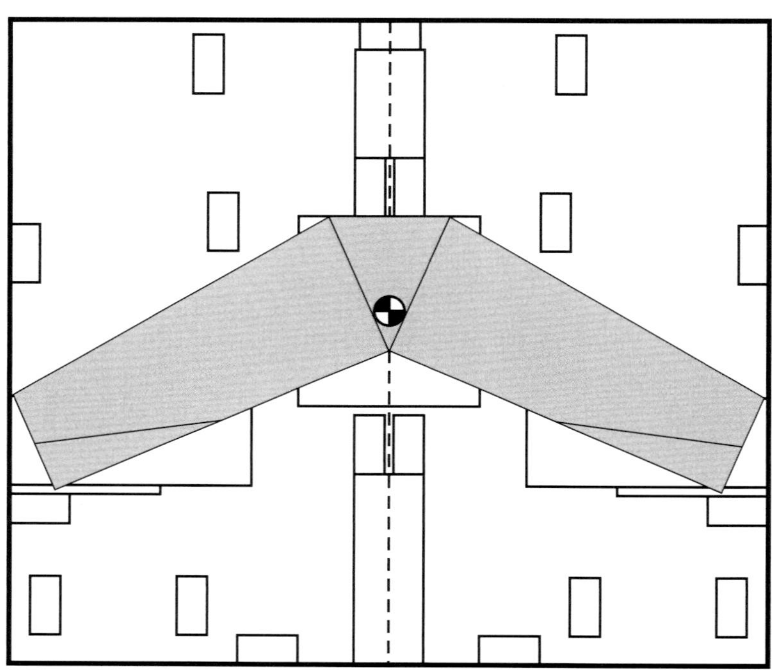

Schwerpunktlage 36 mm
von der Vorderkante
gemessen

Flugrichtung
des Tandems

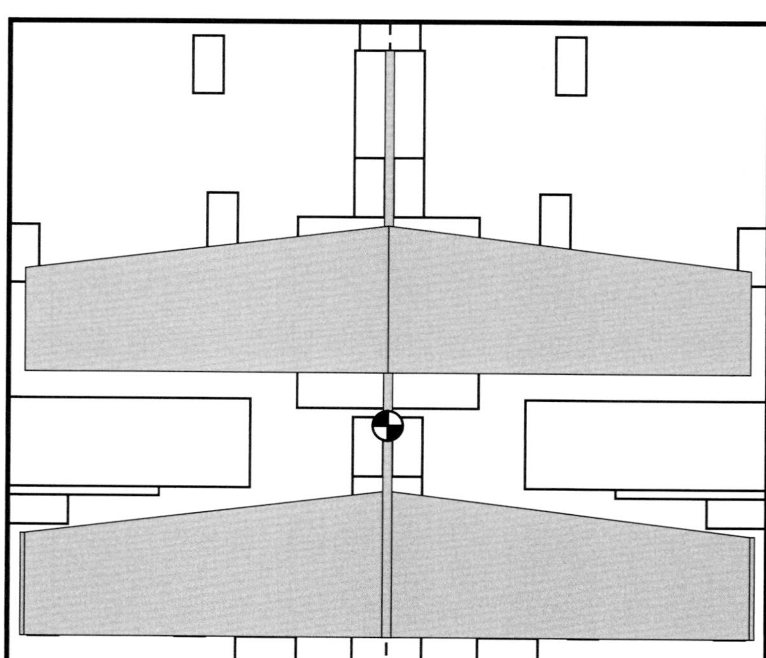

Schwerpunktlage 77 mm
vom Rumpfende gemessen

Draufsicht mit Modell

Flugrichtung
der Scheibe

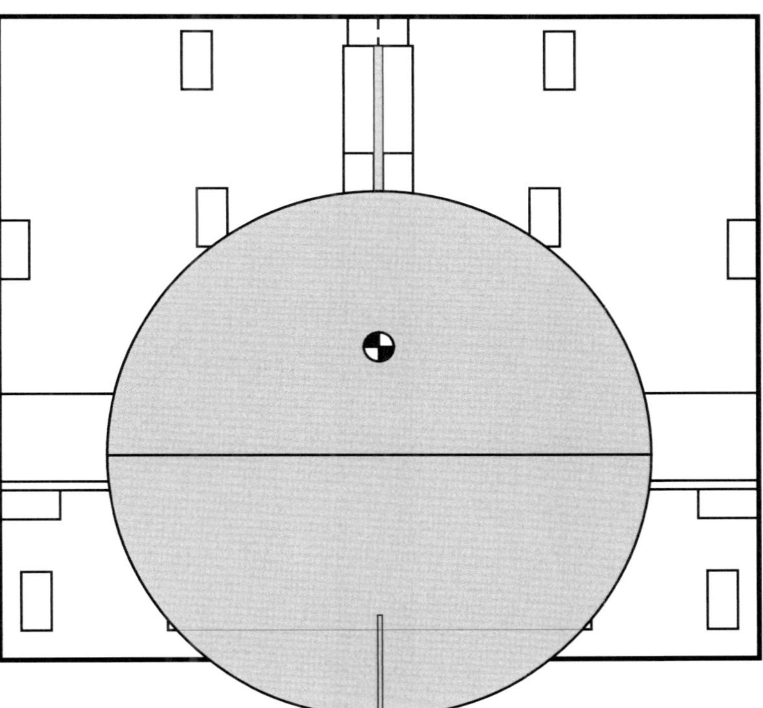

Schwerpunktlage 46 mm
von der Scheibenvorderkante
gemessen

ANLEITUNG:

Kartonsegelflugmodell

ab der ersten Klasse

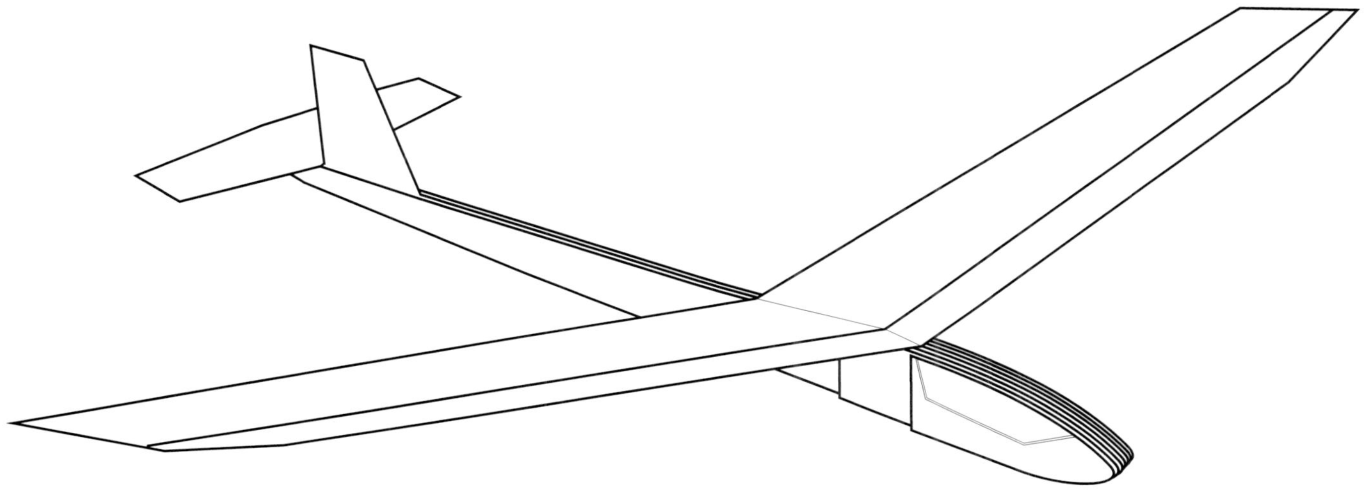

SPANNWEITE:	280 mm
RUMPFLÄNGE:	260 mm
GEWICHT:	ca. 7 g

BENÖTIGTES MATERIAL:	WERKZEUG:
1 Stk. Karton steif 160 g Buntstifte	1 Stk. Bleistift 1 Stk. Balsamesser 1 Stk. Schere 1 Stk. Lineal 1 Stk. Stecknadel

KLEBSTOFF: **entweder Papierklebstoff, Weißleim oder Hartkleber**

ZEITAUFWAND: **max. 2 Stunden**

ARBEITSVORBEREITUNG

Die Vorlagen auf der folgenden Seite auf den Karton kopieren.

ARBEITSSCHRITTE IM UNTERRICHT

Alle Teile entlang der ——— Linie mit der Schere ausschneiden.
—..— Linie mit dem Messerrücken einritzen und nach oben biegen.
Auf der ------ Linie mit einer Stecknadel die Endpunkte durchstechen und das Modell umdrehen. Mit dem Lineal die zwei Löcher auf der Rückseite verbinden und mit dem Messerrücken einritzen, umdrehen und an einer scharfen Kante nach unten biegen.

Erstes Segment am Tragflügel auf der Unterseite mit Klebstoff einstreichen und laut Zeichnung verkleben und pressen.

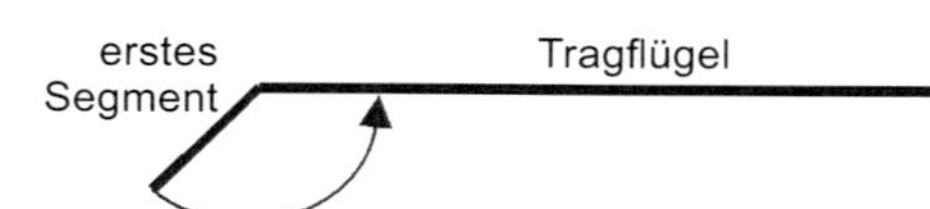

Die Rumpfteile 1L–5L miteinander verkleben. Trocknen lassen, gegebenenfalls pressen.

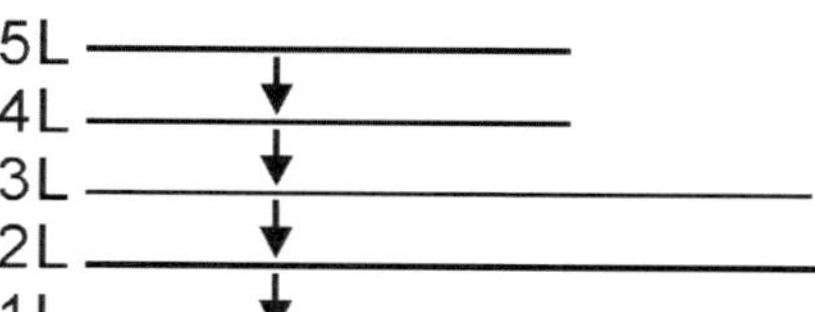

Einstweilen kann die Tragfläche und das Höhenleitwerk mit den Buntstiften verziert werden.
ACHTUNG! Bitte keine Filzstifte verwenden, diese weichen den Karton auf.

Die Rumpfteile 1L mit 2R–5R miteinander verkleben. Die Klebelaschen nicht mit Klebstoff einstreichen.

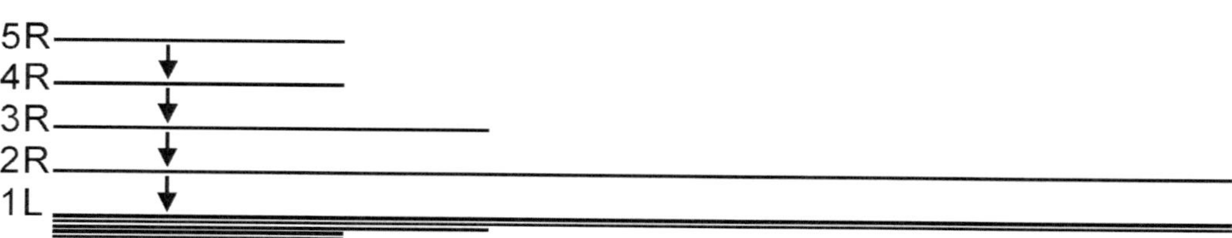

Wenn der Rumpf getrocknet ist, kann dieser auch mit den Buntstiften bemalt werden.

Rumpf mit der Tragfläche und dem Höhenleitwerk verkleben. Wenn alles gut getrocknet ist, kann das Modell eingeflogen werden (siehe Seite 19). Falls das Modell hecklastig ist, kann vom Höhenleitwerk links und rechts ein Streifen abgeschnitten werden. Ebenso kann bei Kopflastigkeit von der Rumpfnase etwas abgeschnitten werden.

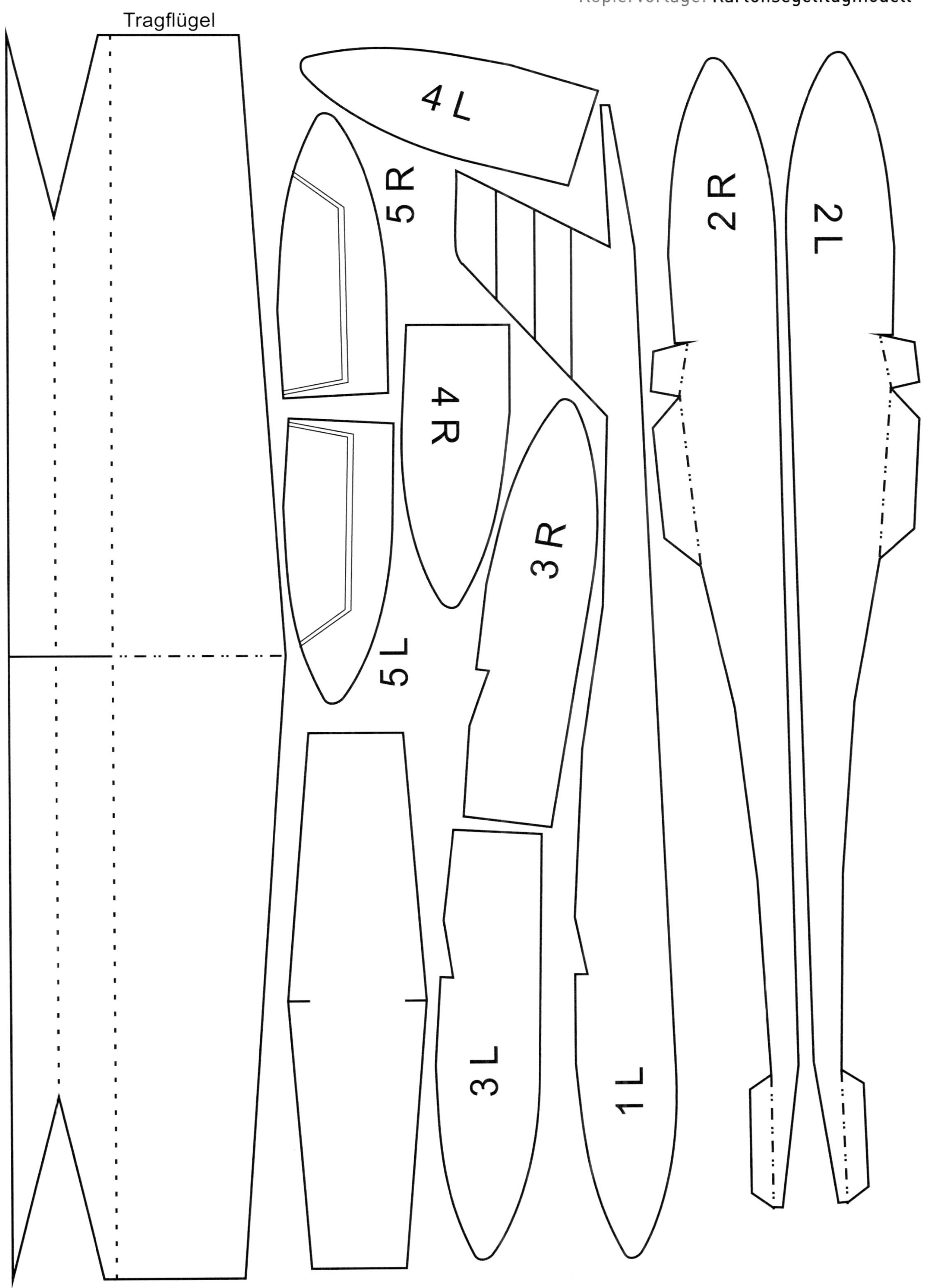
Tragflügel
4 L
5 R
4 L
4 R
5 L
3 R
3 L
1 L
2 R
2 L

LAUBSÄGEARBEIT

Mobile

ab der ersten Klasse

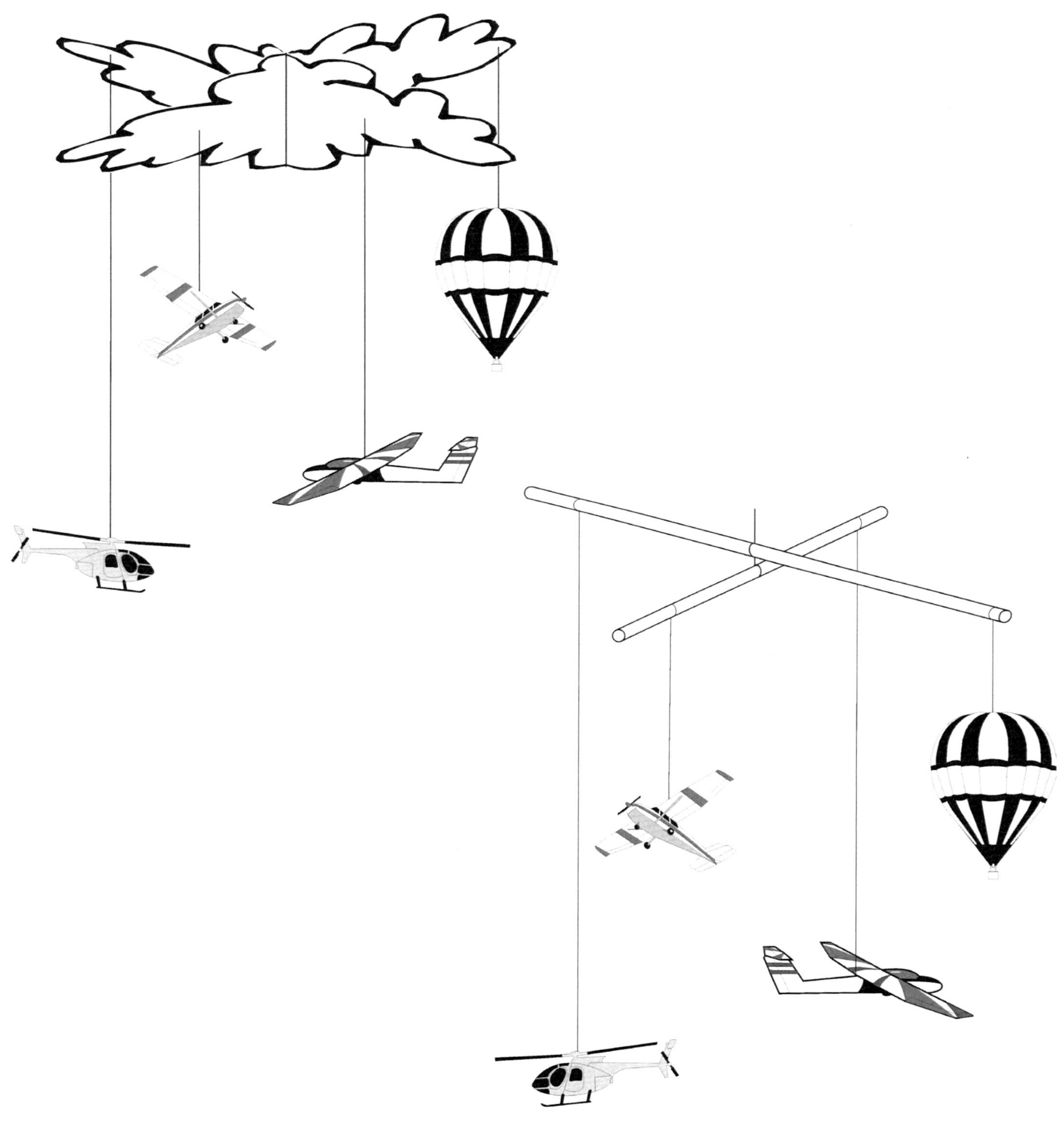

BENÖTIGTES MATERIAL PRO MOBILE:	WERKZEUG:
1 A4-Bogen Tonpapier Farbe nach Belieben	Bleistift
1 A4-Bogen Tonpapier weiß	feinen Filzstift schwarz
Reste von Tonpapier in verschiedenen Farben	Schere
1 Stab 300 mm (Holz 3 mm, Metall max. 2 mm etc.)	scharfes Bastelmesser
1 Stab 200 mm (Holz 3 mm, Metall max. 2 mm etc.)	Locher
2 m leicht knüpfbare dünne Schnur (max. 1,5 mm)	Klebestift

ZEITAUFWAND: **pro Motiv 1 Stunde**

ARBEITSVORBEREITUNG

Die Vorlagenseiten werden einmal normal und einmal spiegelverkehrt kopiert.

ARBEITSSCHRITTE

Bügeleisen auf eine Temperatur von ca. 180–200 Grad (Stufe II, III) bringen.

Die normalen Motive grob ausschneiden.

Die normal kopierten Zeichnungen mit der bedruckten Seite auf das Sperrholz legen. Mit dem heißen Bügeleisen und mit kräftigem Druck langsam das Motiv auf das Holz übertragen. Durch die Wärme wird der Toner auf das Holz aufgebracht. An einer Ecke kontrollieren, ob der Toner gut übertragen wurden. Wenn die Farbe zu blass ist, mit mehr Druck nachbügeln und gegebenenfalls die Temperatur erhöhen. Danach das Blatt abziehen. Den Vorgang mit den anderen Motiven Material sparend wiederholen.

Die einzelnen Teile ausschneiden. Die Kanten bis zur Außenlinie abschleifen. Danach die nächste spiegelverkehrte Zeichnung aufbügeln.

Nun können die Motive nach eigenen Vorstellungen bemalt werden.

Die Löcher werden so in die Motive gebohrt, dass diese ausgeglichen hängen. Ebenso werden Löcher in die Wolken gebohrt. Die zwei Wolken werden so zusammengesteckt, dass diese ein Kreuz ergeben. Die Motive an den Wolken befestigen. Das Mobile ist damit fertig zum Aufhängen.

Statt der Wolken können Buchenstäbe als Befestigung für die Motive dienen.

Die Mobile könnten auch aus anderen Materialien wie Karton, Moosgummi etc. hergestellt werden.

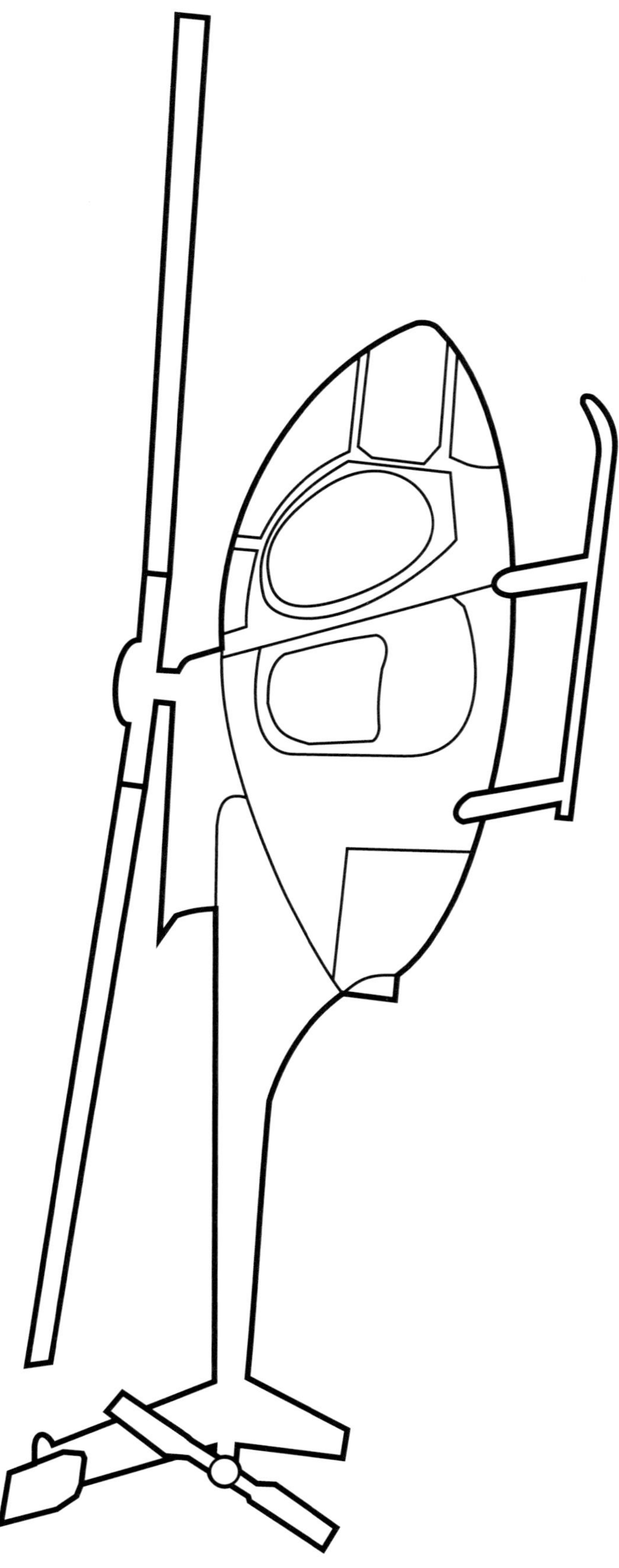

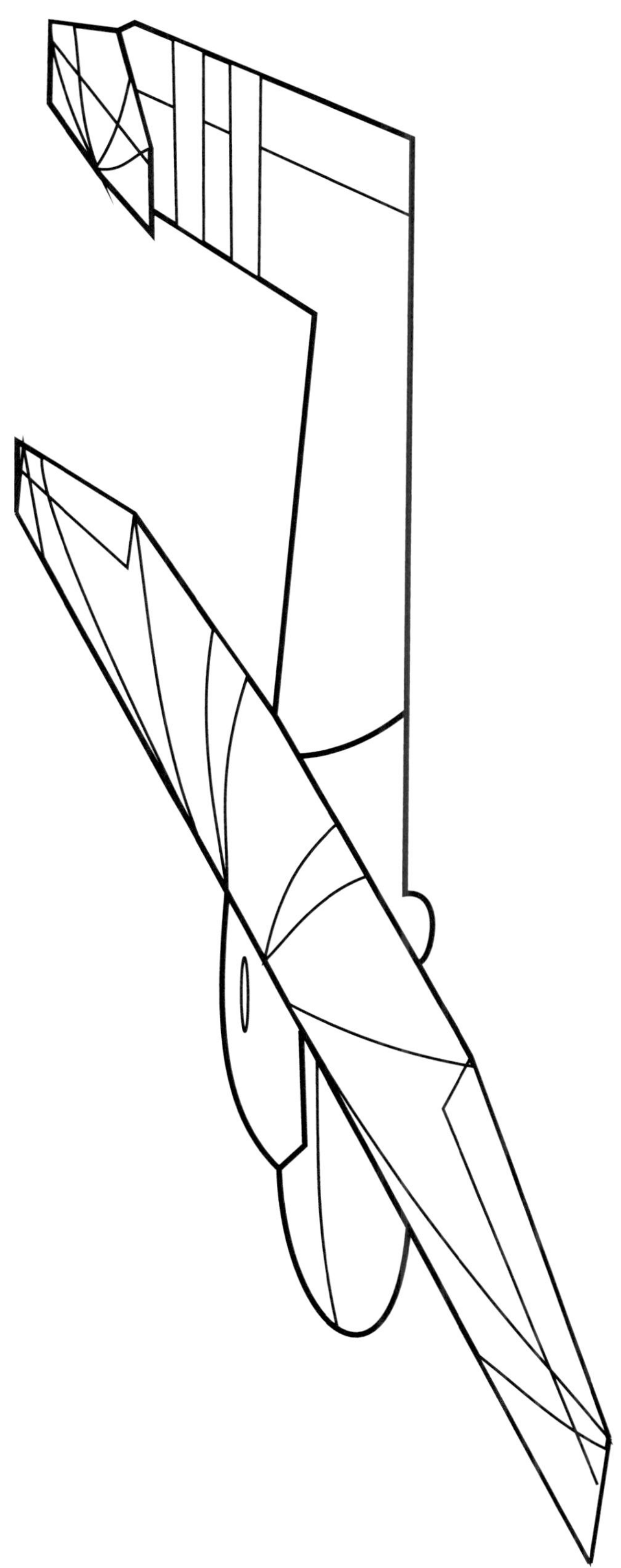

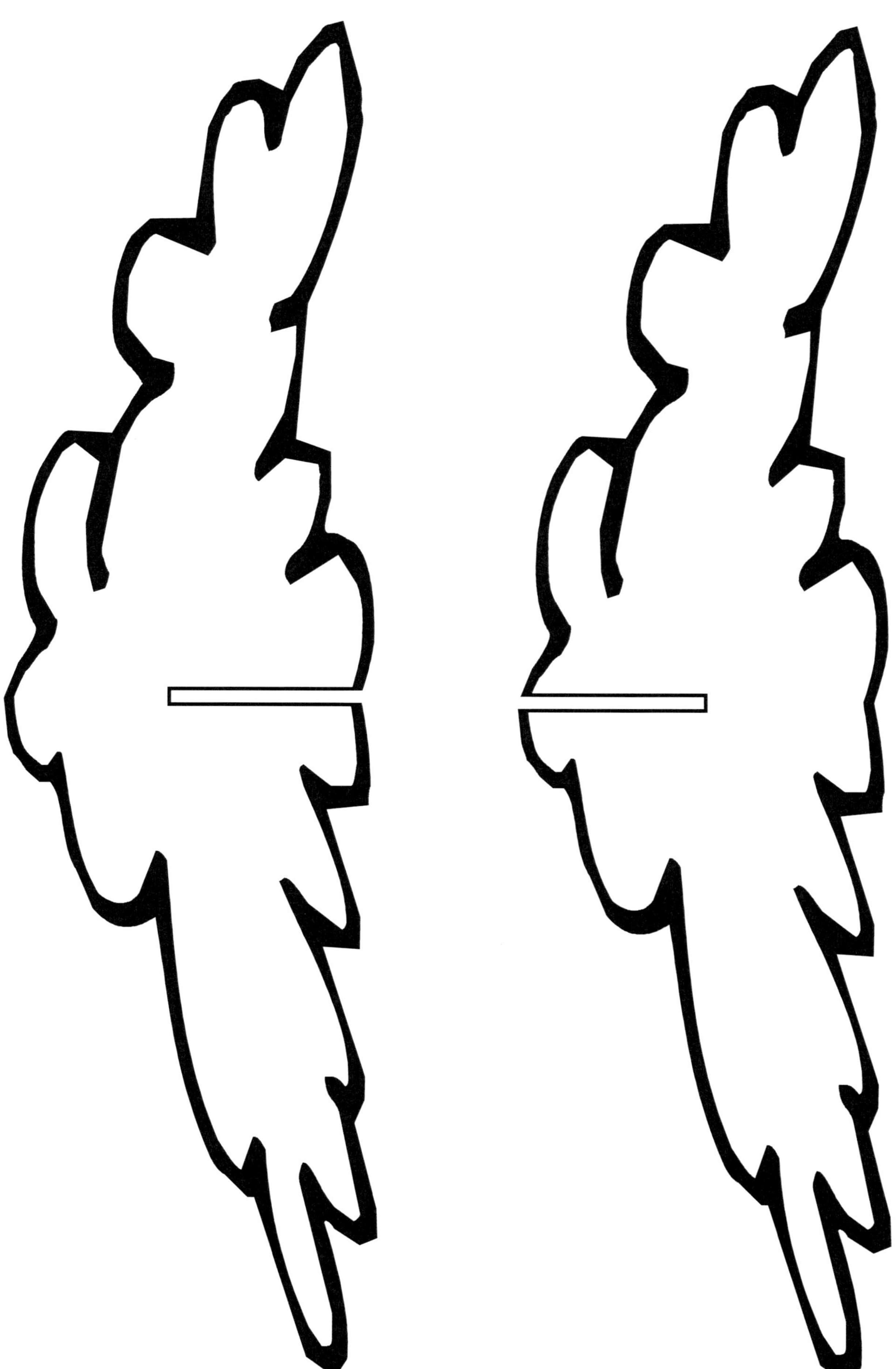

Draufsicht Holzaufteilung Maßstab 1:3

Pappelsperrholz 600 x 300 x 3 mm für ein Mobile

STECKFLUGMODELL SERIE FLYER

Normalflugmodell

ab der zweiten Klasse

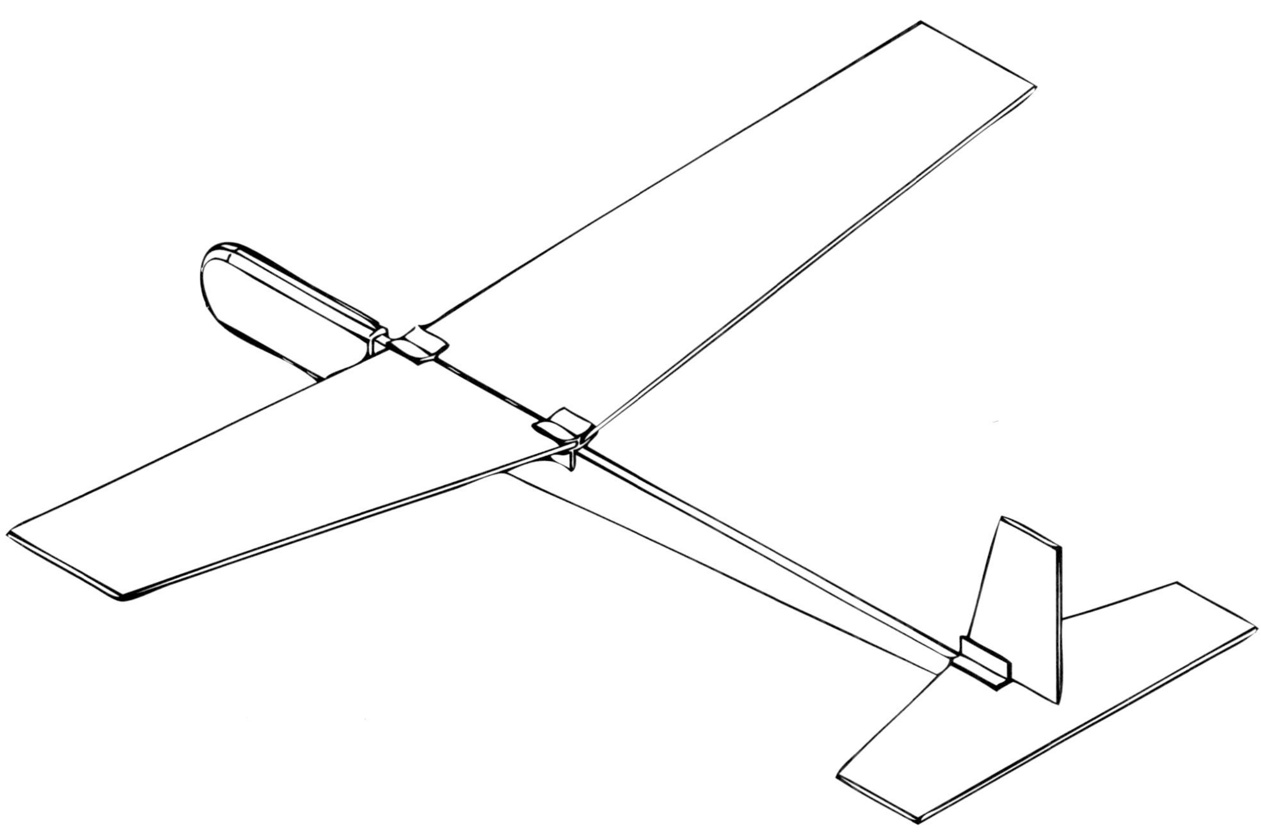

SPANNWEITE:	330 mm
RUMPFLÄNGE:	255 mm
GEWICHT:	10–15 g

BENÖTIGTES MATERIAL:	WERKZEUG:
1 Stk. Balsabrett 1,5 x 100 x 265 mm	1 Stk. Bleistift
1 Stk. Balsaleiste 3 x 18 x 250 mm	1 Stk. Dreieck mit rechtem Winkel
1 Stk. Kunststoffballast, Fertigteil	1 Stk. Balsamesser
1 Stk. Leitwerksverbinder, Fertigteil	1 Stk. Schleifklotz grob und fein beklebt
2 Stk. Flächenverbinder, Fertigteil	1 Stk. Laubsäge/Pucksäge/Feinsäge

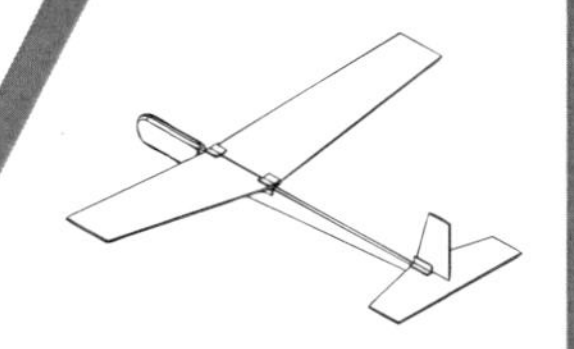

KLEBSTOFF: **wird nur zum Reparieren beschädigter Teile benötigt, Hartkleber**

ZEITAUFWAND: **1 Stunde**

ARBEITSVORBEREITUNG

Die Schablonen (siehe Kopiervorlage) auf dicken Karton kopieren und ausschneiden bzw. aus Sperrholz oder Aluminium herstellen.

ARBEITSSCHRITTE IM UNTERRICHT

Alle Teile mit den Schablonen und dem Balsamesser wie folgt ausschneiden.

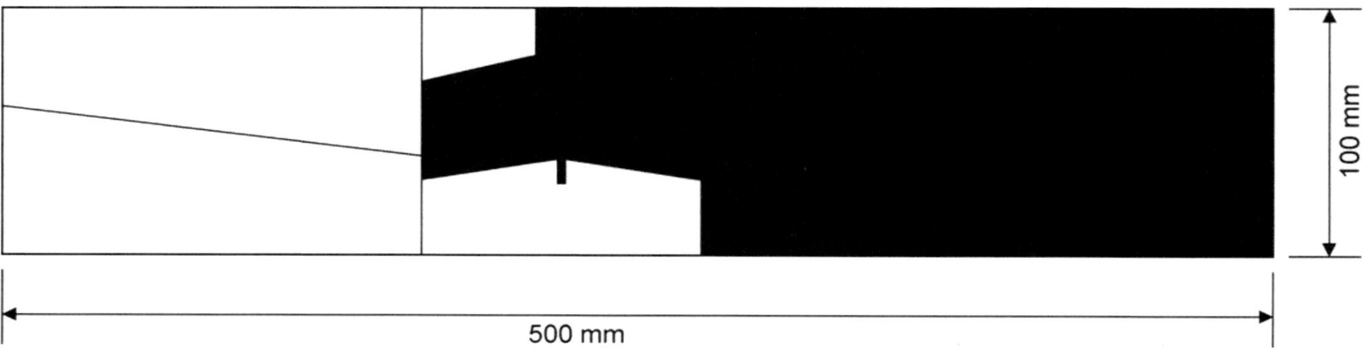

Das Bild zeigt ein halbes Balsabrett mit den Teilen für ein Modell.

Die Reste (schwarze Teile) in einer Schachtel zum Weiterverwenden bzw. Ausschneiden von Ersatzteilen aufheben.

Alle Schnittkanten mit dem feinen Schleifpapier abschleifen. Die Tragflächen können gleich in einem Arbeitsgang abgeschliffen werden.

Für den Rumpf wird die Balsaleiste 3 x 18 x 250 laut Zeichnung zugeschnitten. Falls keine fertige Leiste verfügbar sein sollte, kann der Rumpf aus zwei Stück 1,5 mm Balsastreifen zusammengeklebt werden.

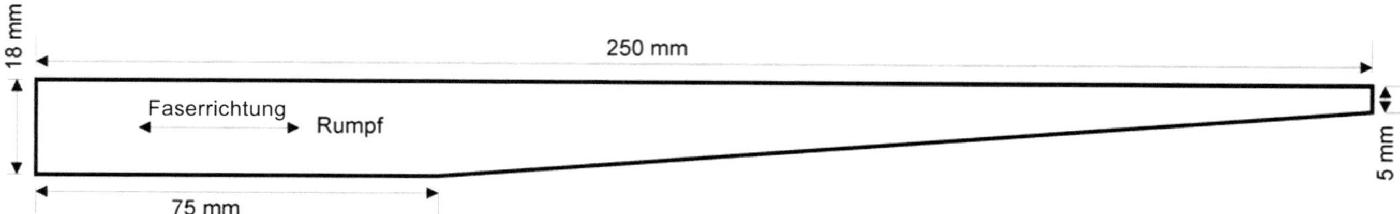

Der Kunststoffballast wird auf den Rumpf aufgesteckt.

Die Tragflächen mit den zwei Kunststoffteilen zusammenstecken und knapp hinter dem Ballast auf dem Rumpf platzieren. Die Leitwerke mit dem Leitwerksverbinder zusammenstecken und am Ende des Rumpfes aufstecken.

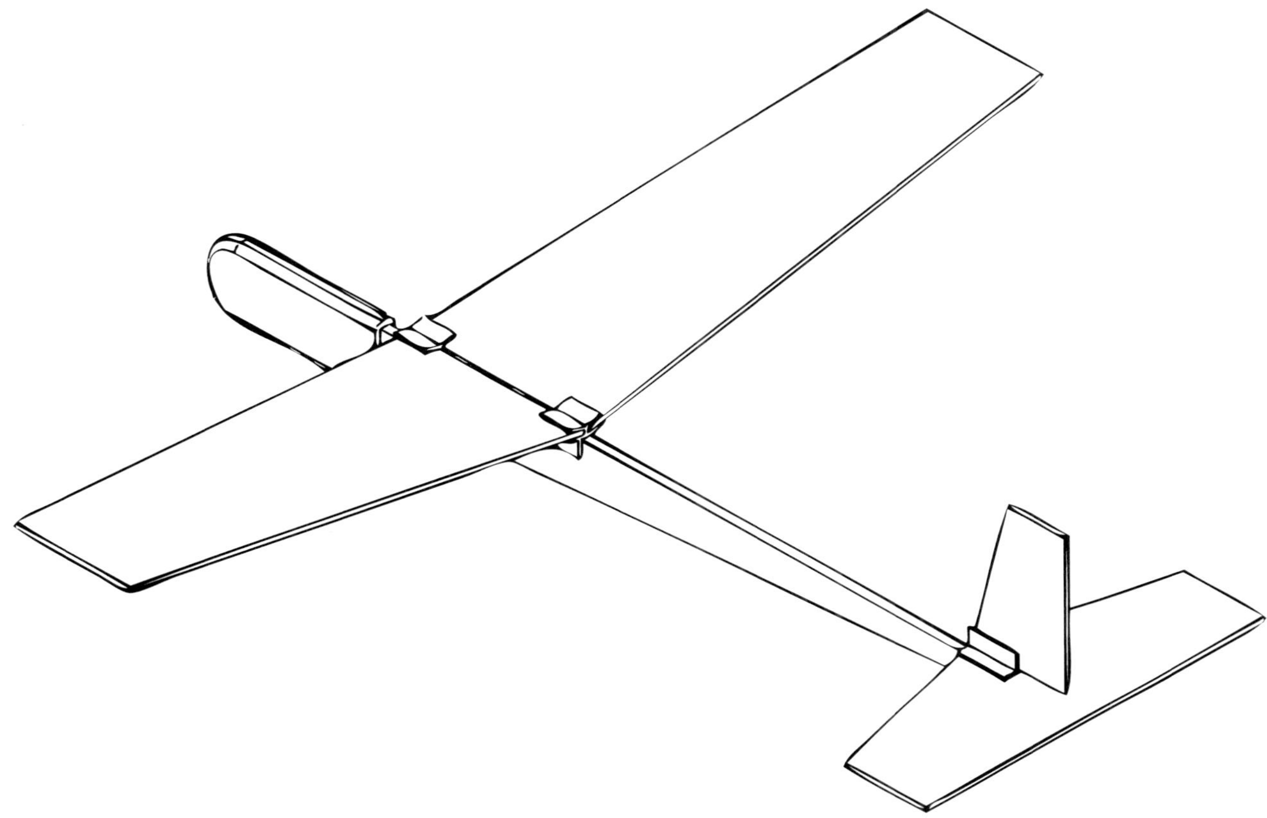

Durch die Steckverbindungen bei diesem Modell können die Teile verschoben und dadurch in der Praxis die verschiedensten Flugleistungen bzw. Modellfehler simuliert werden.

Das Einfliegen ist ausführlich auf Seite 19 beschrieben.

Die Modelle Tandem, Ente, Jet, X-Wing, Nurflügel kommen mit der Teileübersicht und dem einfachen Stecksystem ohne zusätzliche Beschreibung für den Modellbau aus.

Es können mit diesem einfachen Stecksystem andere Modellformen konstruiert und erprobt werden.

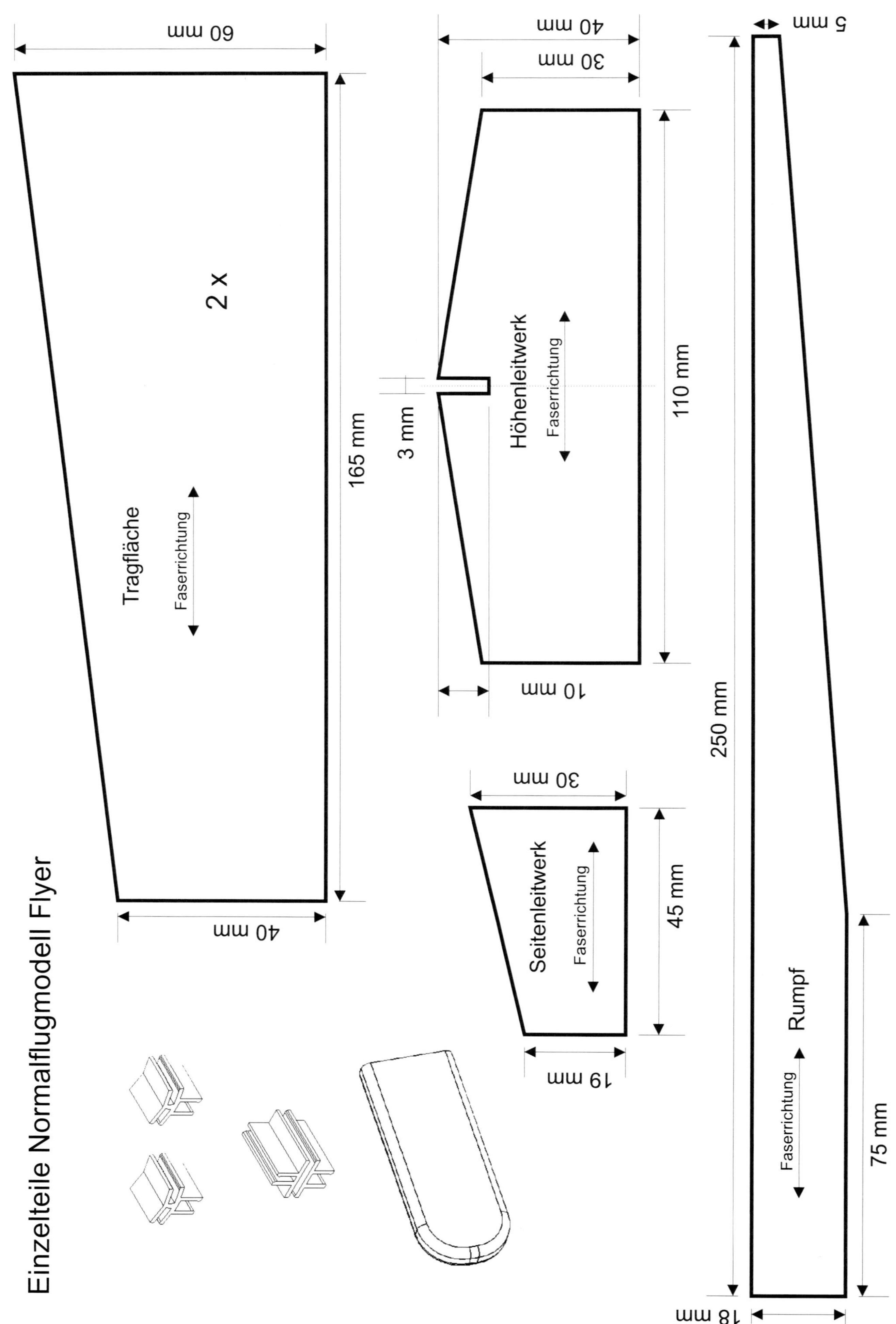
Einzelteile Normalflugmodell Flyer
Tragfläche
Faserrichtung
2 x
60 mm
165 mm
40 mm
Höhenleitwerk
Faserrichtung
40 mm
30 mm
110 mm
3 mm
10 mm
Seitenleitwerk
Faserrichtung
30 mm
45 mm
19 mm
Rumpf
Faserrichtung
5 mm
250 mm
75 mm
18 mm

Draufsicht Holzaufteilung Normalflugmodell Flyer

Maßstab 1:2,5

Aufteilung des Balsabrettes 500 x 100 x 1,5 mm für ein Modell

Maßstab 1:5

Aufteilung des Balsabrettes 1000 x 100 x 1,5 mm für vier Modelle

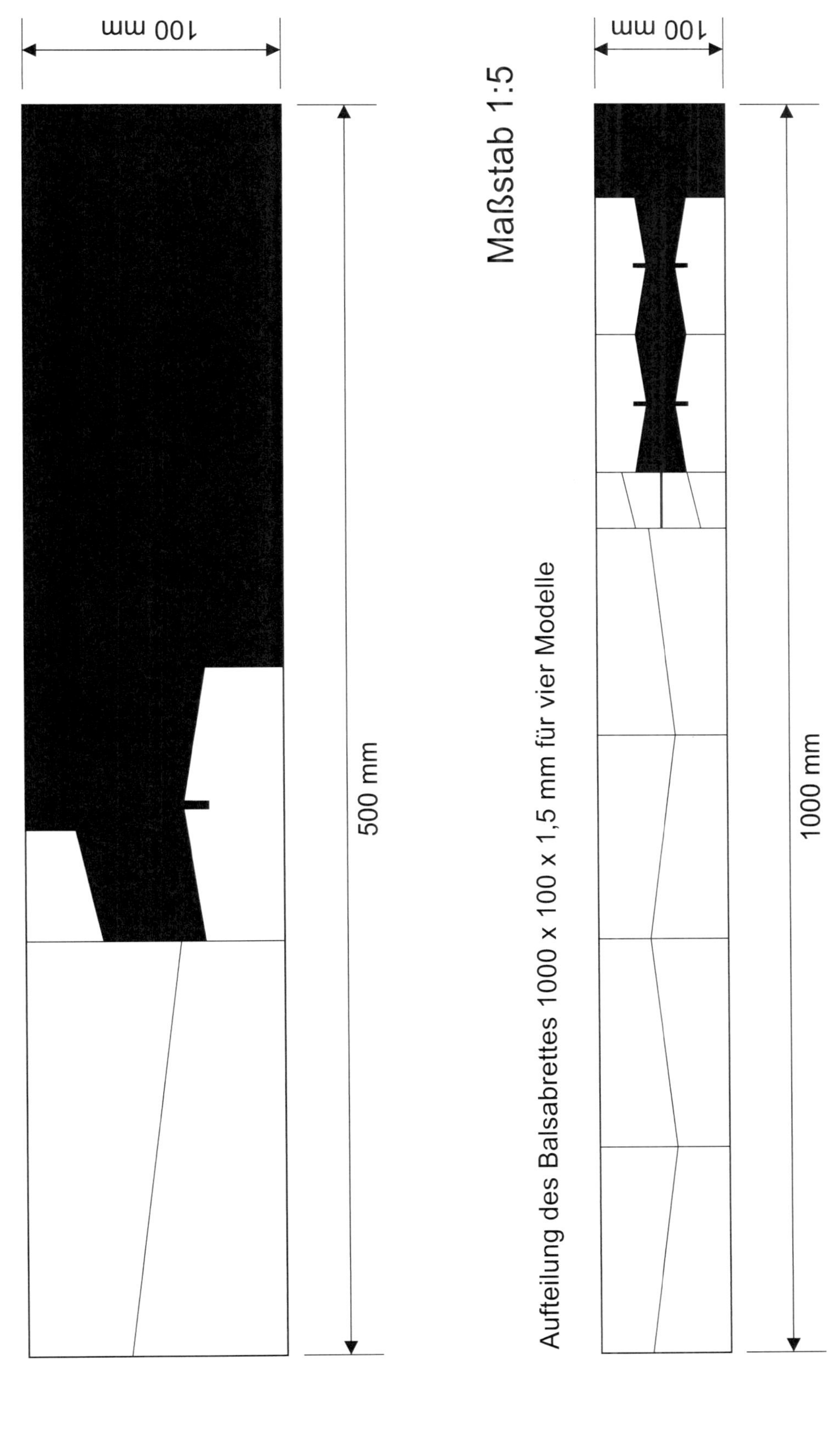

Einzelmaße der Teile auf der vorhergehenden Seite

■ = Abfall bzw. Rest, der für weitere Teile verwendet werden kann

STECKFLUGMODELL SERIE FLYER

Ente

ab der zweiten Klasse

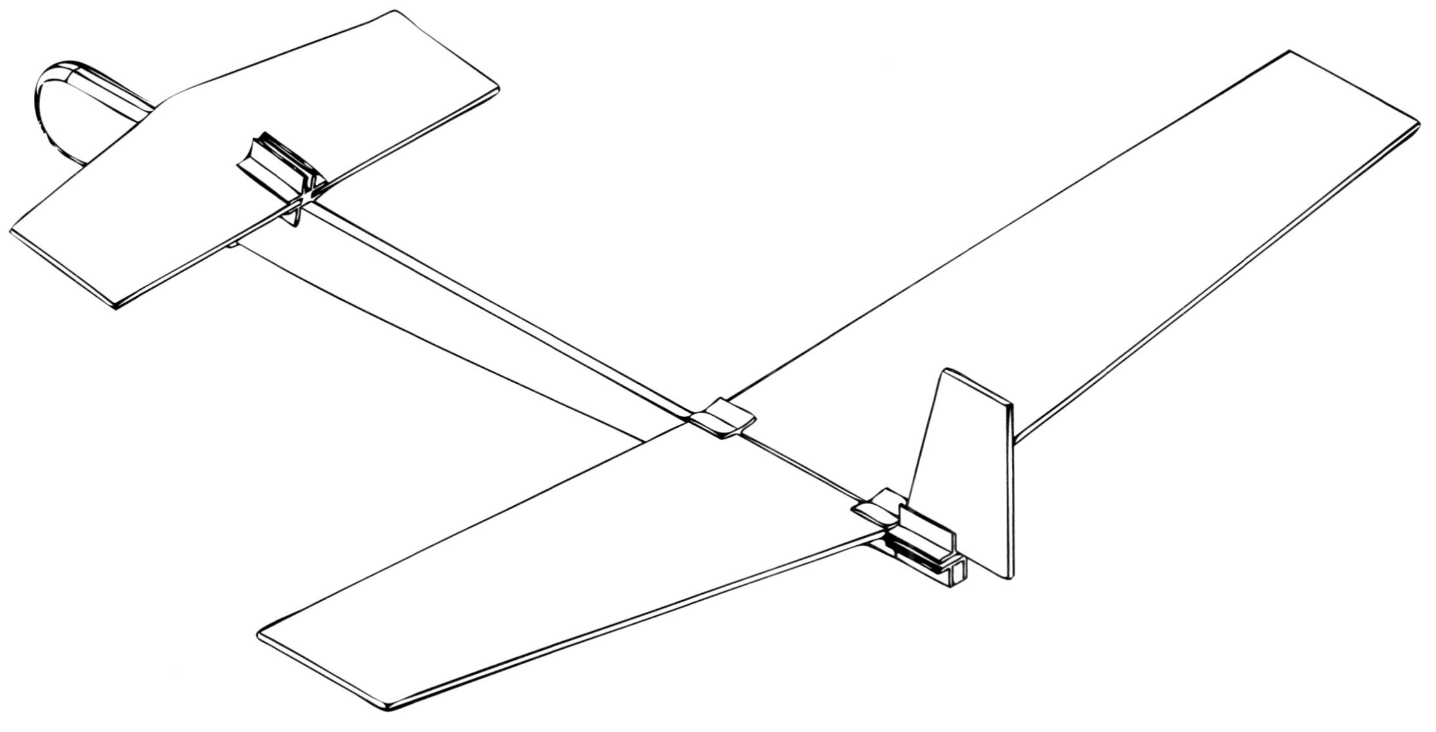

SPANNWEITE:	330 mm
RUMPFLÄNGE:	255 mm
GEWICHT:	10–15 g

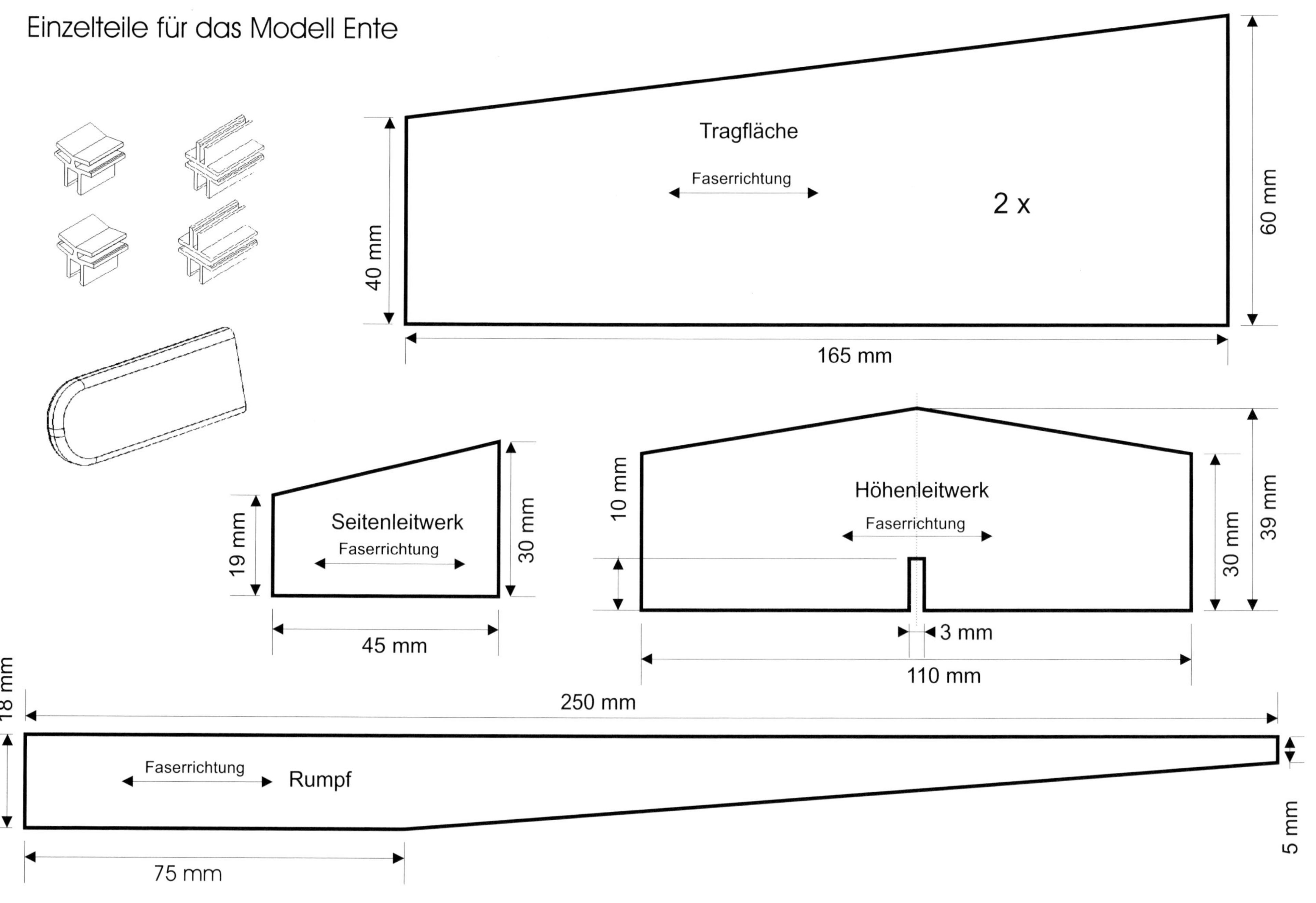
Einzelteile für das Modell Ente
Tragfläche
Faserrichtung
2 x
40 mm
60 mm
165 mm
Seitenleitwerk
Faserrichtung
19 mm
30 mm
45 mm
Höhenleitwerk
Faserrichtung
10 mm
30 mm
39 mm
3 mm
110 mm
18 mm
250 mm
Faserrichtung
Rumpf
5 mm
75 mm

Draufsicht Holzaufteilung Ente Flyer

Maßstab 1:2,5

Aufteilung des Balsabrettes 500 x 100 x 1,5 mm für ein Modell

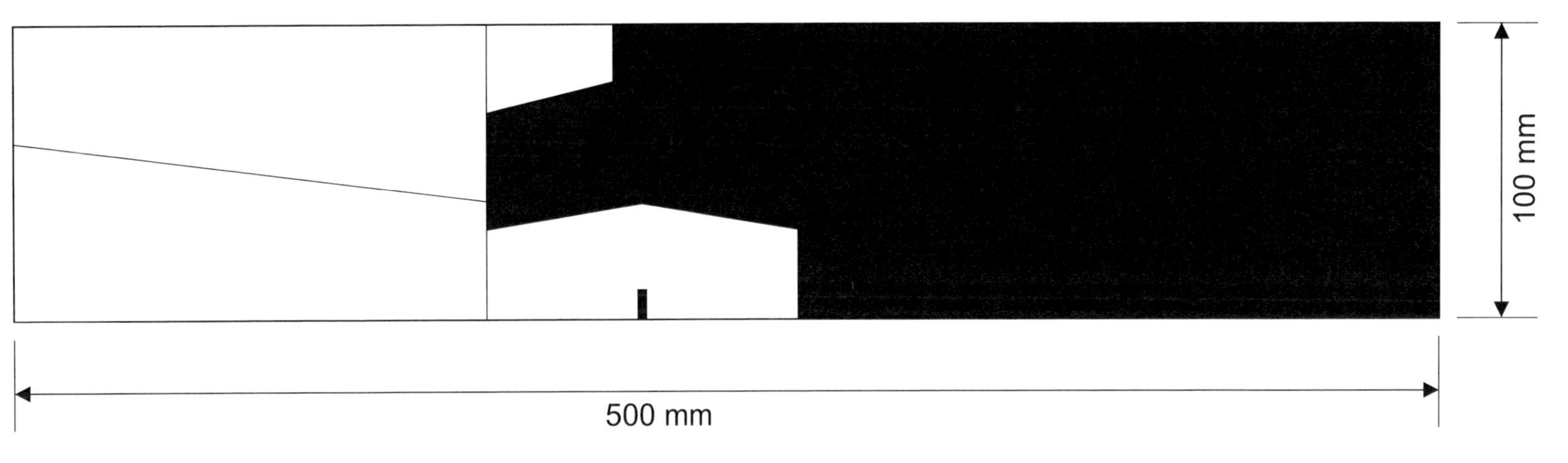

Maßstab 1:5

Aufteilung des Balsabrettes 1000 x 100 x 1,5 mm für vier Modelle

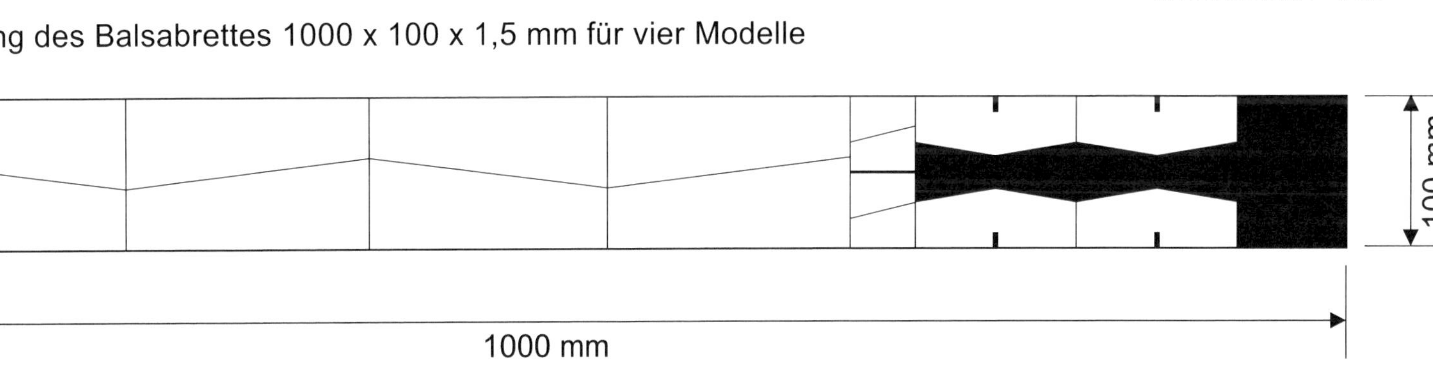

Einzelmaße der Teile auf der vorhergehenden Seite

■ = Abfall bzw. Rest, der für weitere Teile verwendet werden kann

STECKFLUGMODELL SERIE FLYER

Tandem

ab der zweiten Klasse

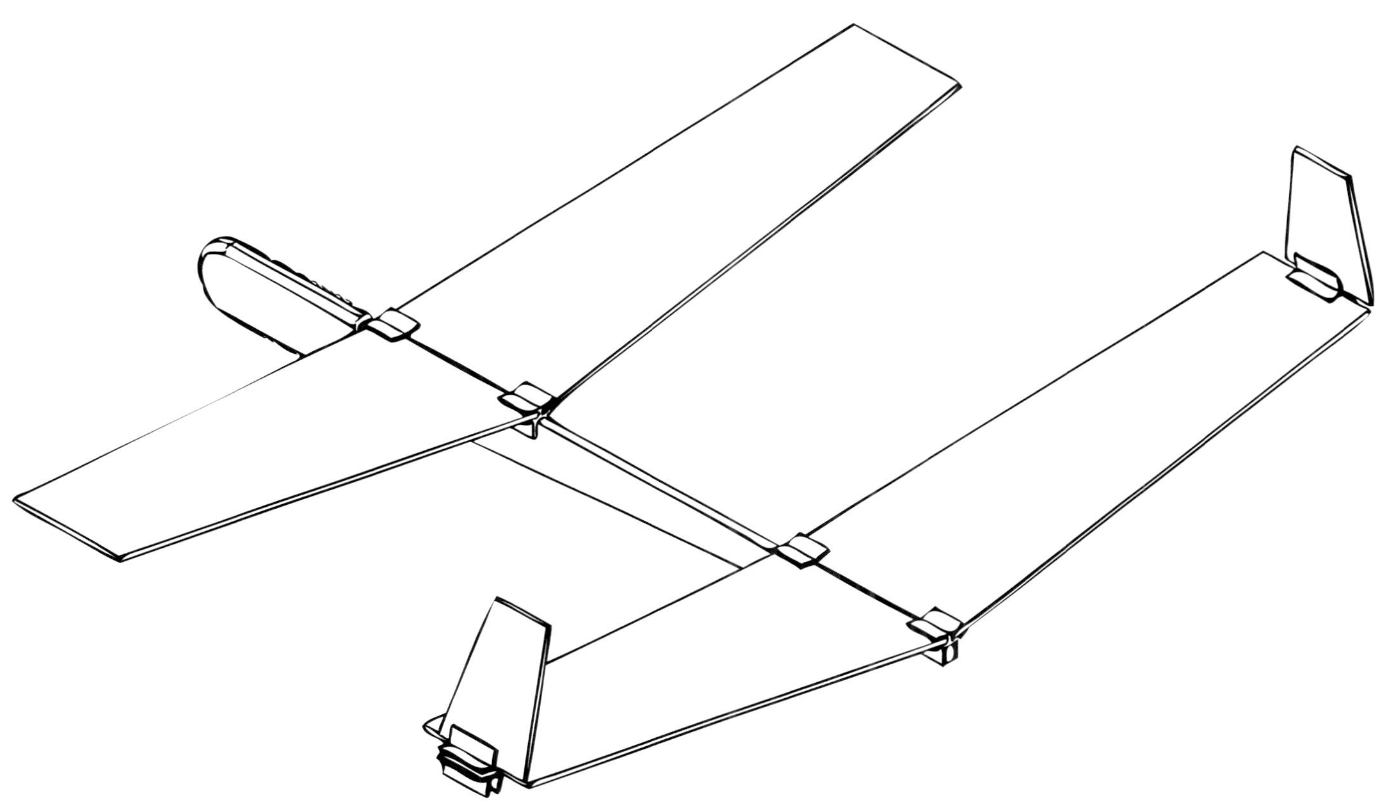

SPANNWEITE:	330 mm
RUMPFLÄNGE:	255 mm
GEWICHT:	15–20 g

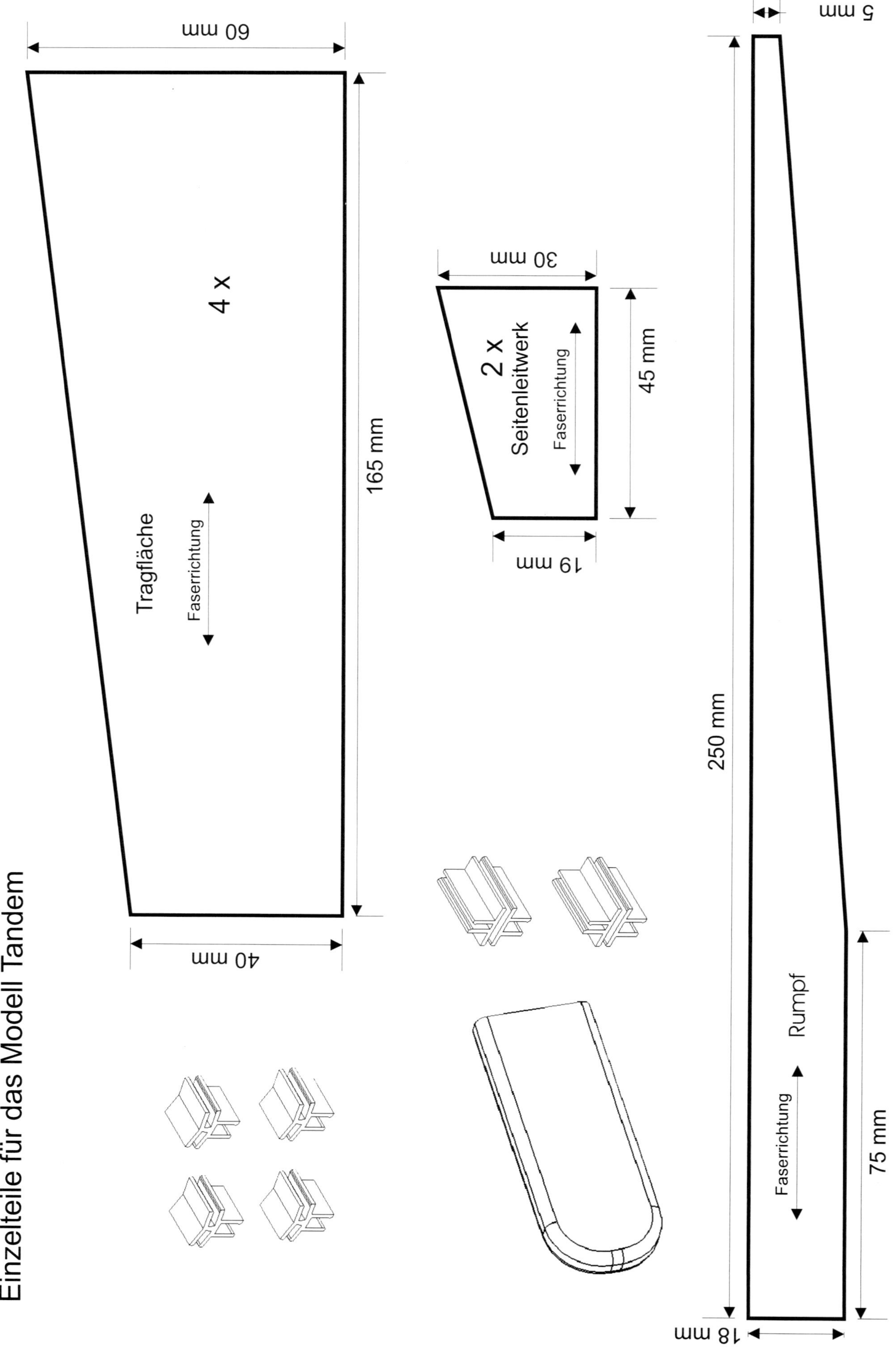
Einzelteile für das Modell Tandem
60 mm
165 mm
40 mm
4 x
Tragfläche
Faserrichtung
30 mm
45 mm
19 mm
2 x
Seitenleitwerk
Faserrichtung
5 mm
250 mm
75 mm
18 mm
Rumpf
Faserrichtung

Draufsicht Holzaufteilung Tandem Flyer

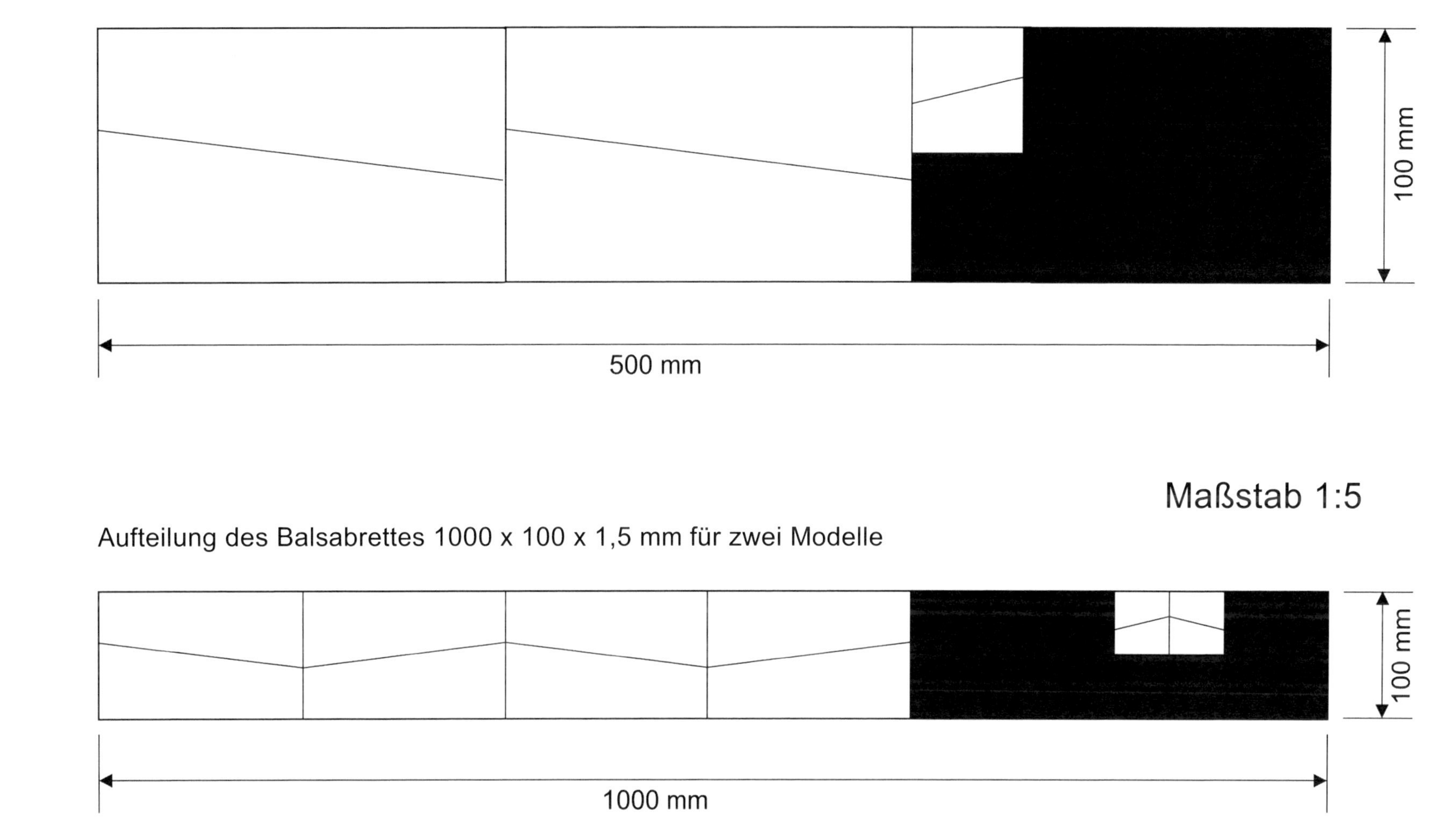

Einzelmaße der Teile auf der vorhergehenden Seite

■ = Abfall bzw. Rest, der für weitere Teile verwendet werden kann

STECKFLUGMODELL SERIE FLYER

Jet

ab der zweiten Klasse

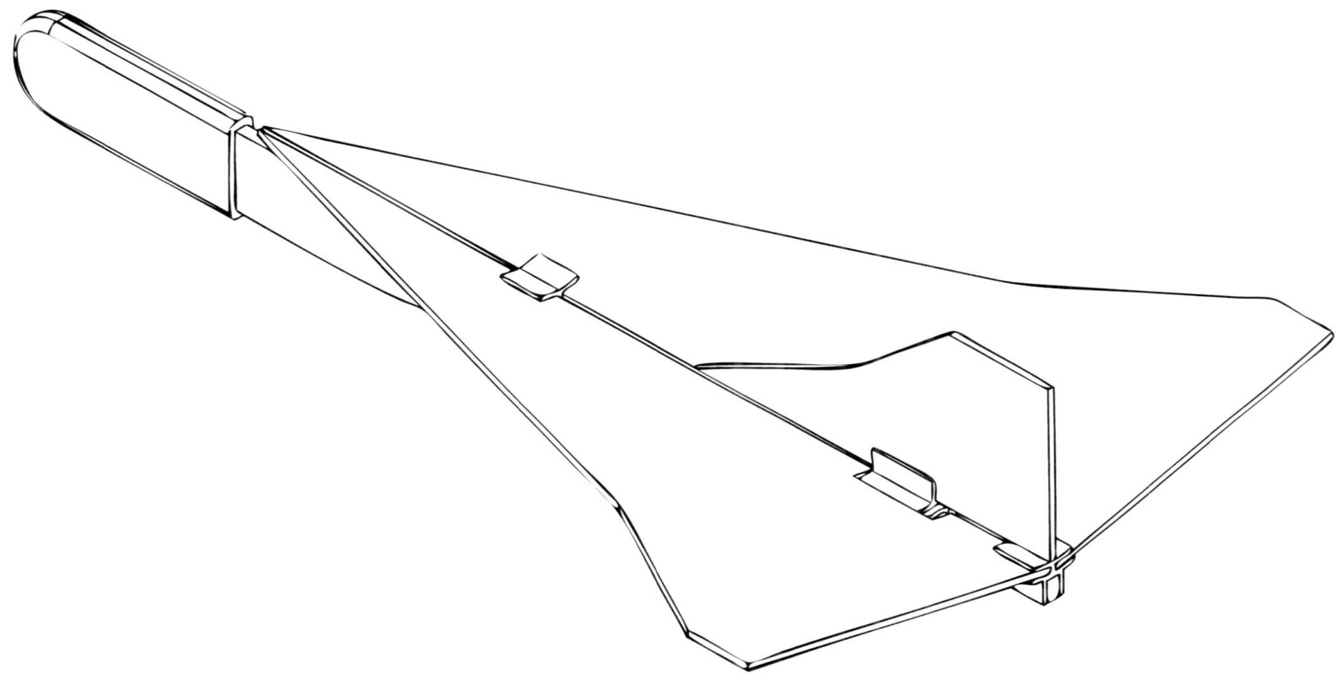

SPANNWEITE:	330 mm
RUMPFLÄNGE:	255 mm
GEWICHT:	20–25 g

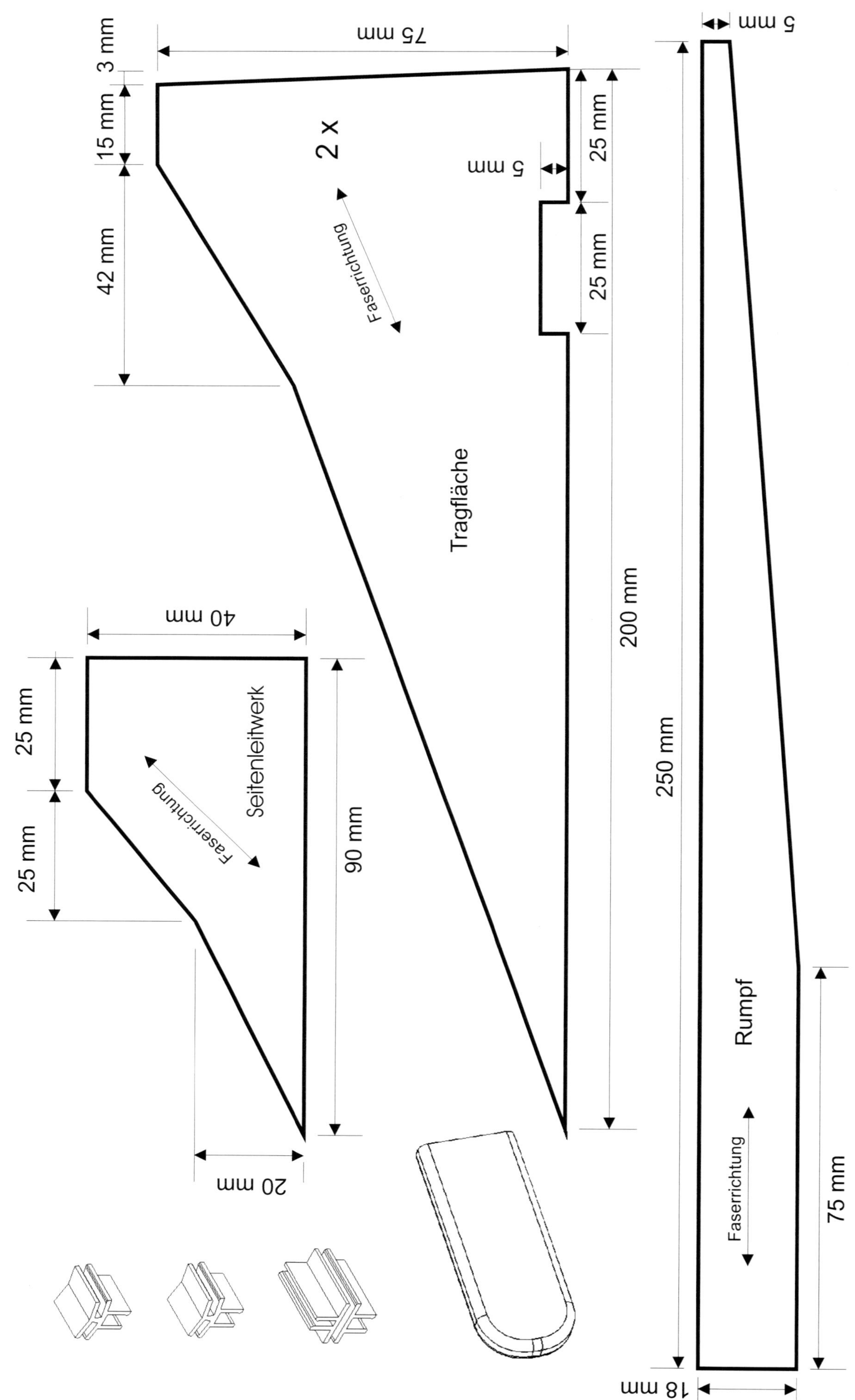
Einzelteile für das Modell Jet
75 mm
3 mm
15 mm
42 mm
2 x
Faserrichtung
5 mm
25 mm
25 mm
Tragfläche
200 mm
250 mm
5 mm
40 mm
25 mm
25 mm
Seitenleitwerk
Faserrichtung
90 mm
20 mm
Rumpf
Faserrichtung
75 mm
18 mm

Draufsicht Holzaufteilung Jet

Maßstab 1:2,5

Aufteilung des Balsabrettes 500 x 100 x 1,5 mm für ein Modell

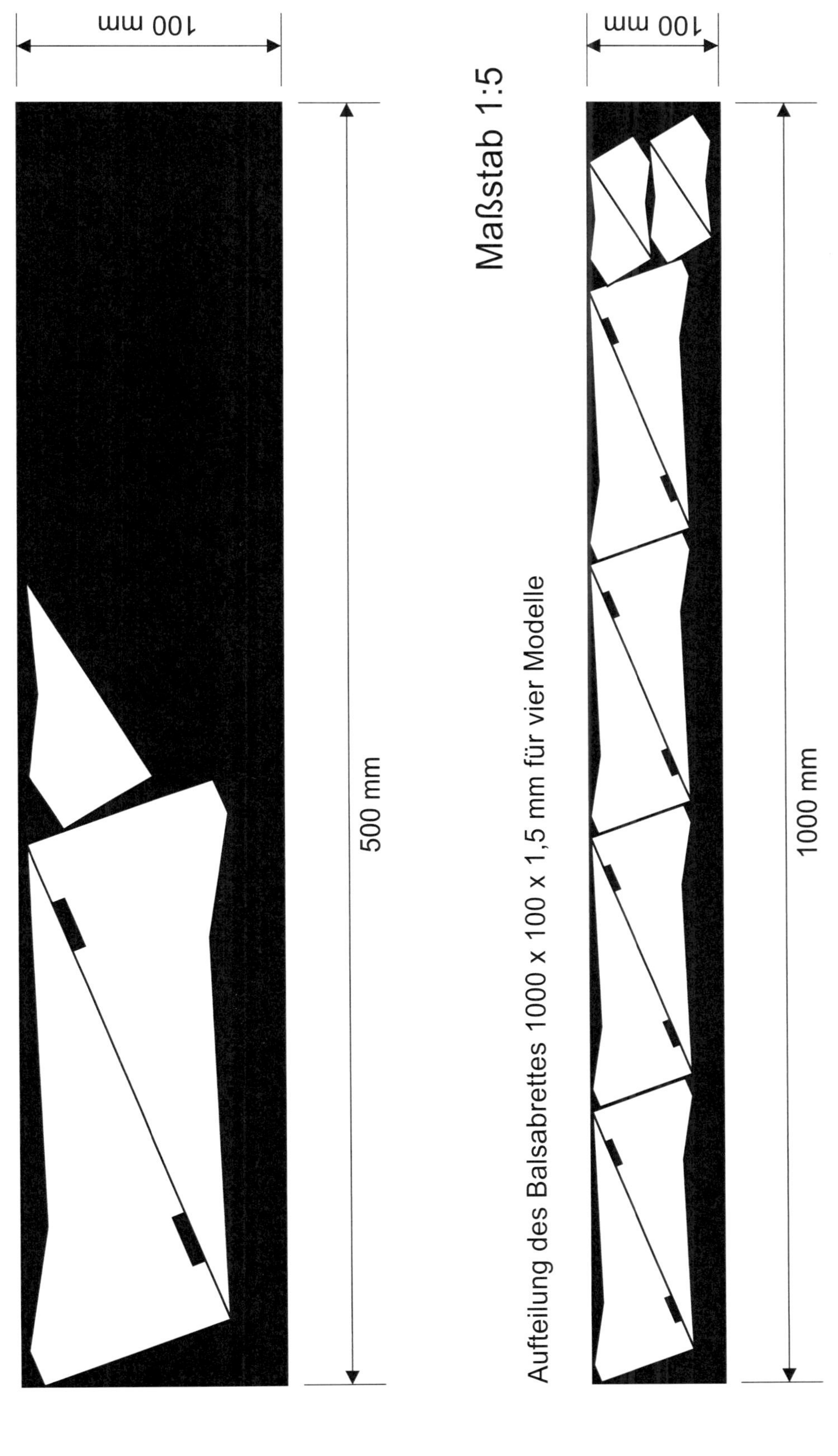

Maßstab 1:5

Aufteilung des Balsabrettes 1000 x 100 x 1,5 mm für vier Modelle

Einzelmaße der Teile auf der vorhergehenden Seite

█ = Abfall bzw. Rest, der für weitere Teile verwendet werden kann

STECKFLUGMODELL SERIE FLYER

Space

ab der zweiten Klasse

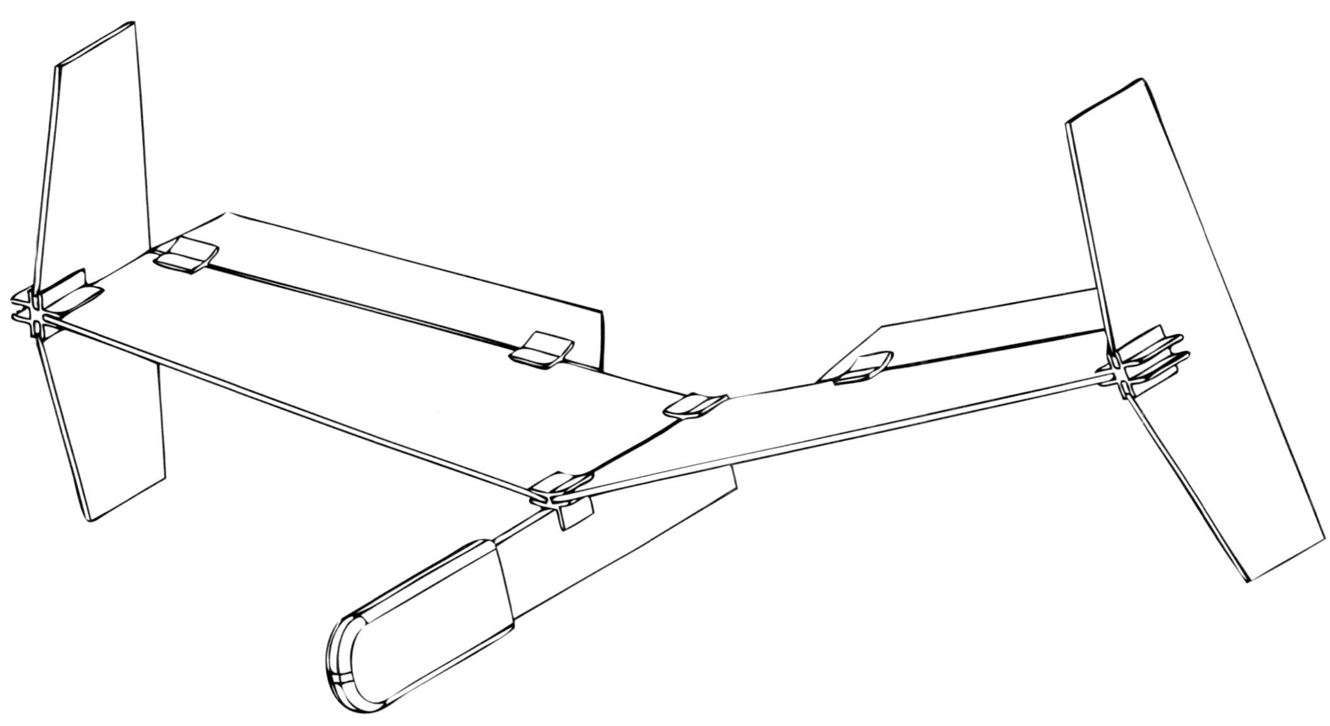

SPANNWEITE:	340 mm
RUMPFLÄNGE:	130 mm
GEWICHT:	10–15 g

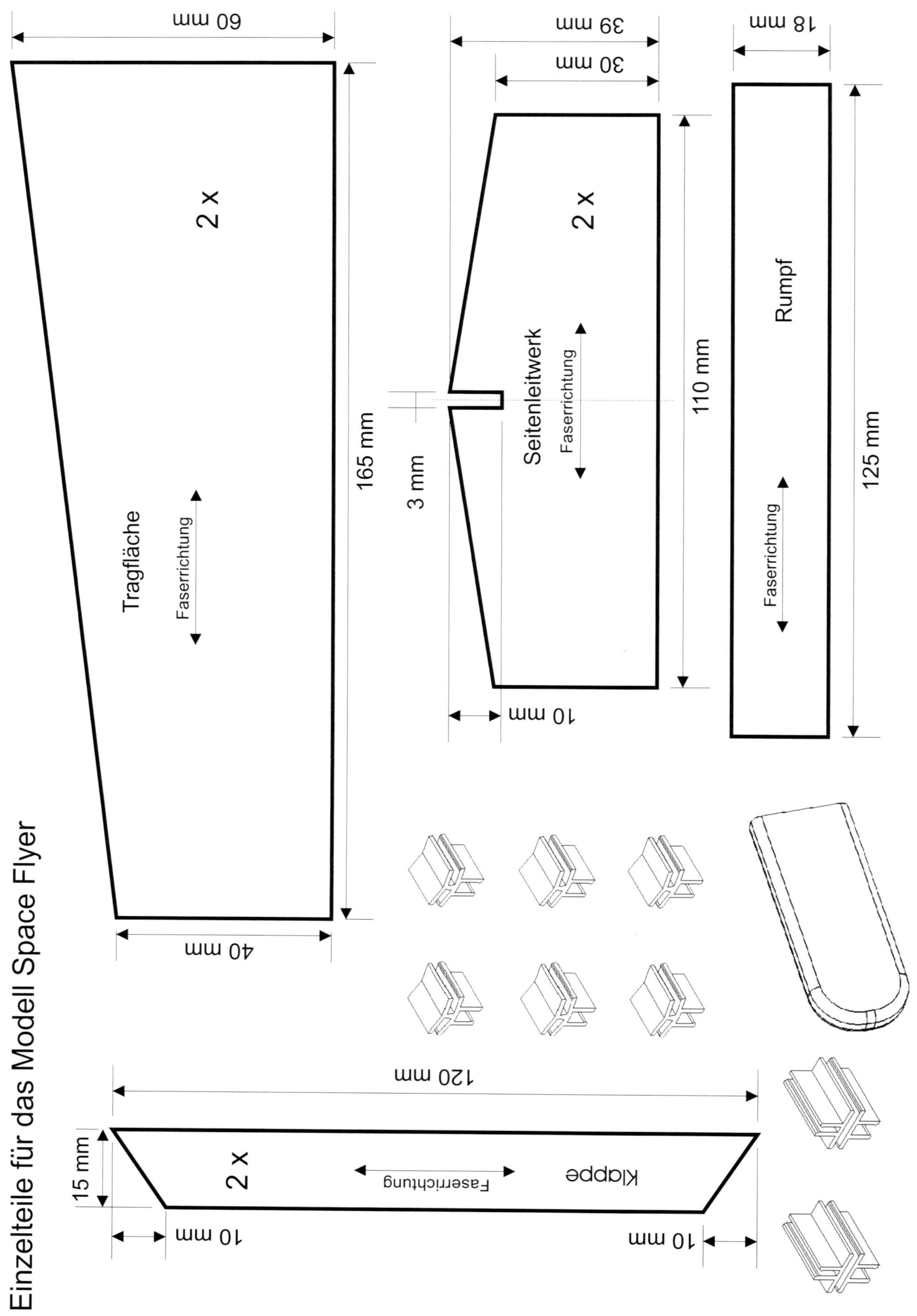

Einzelteile für das Modell Space Flyer
60 mm
2 x
Tragfläche
Faserrichtung
165 mm
40 mm
39 mm
30 mm
2 x
Seitenleitwerk
Faserrichtung
3 mm
110 mm
10 mm
18 mm
Rumpf
Faserrichtung
125 mm
120 mm
15 mm
2 x
Faserrichtung
Klappe
10 mm
10 mm

Draufsicht Holzaufteilung Space Flyer

Maßstab 1:2,5

Aufteilung des Balsabrettes 500 x 100 x 1,5 mm für ein Modell

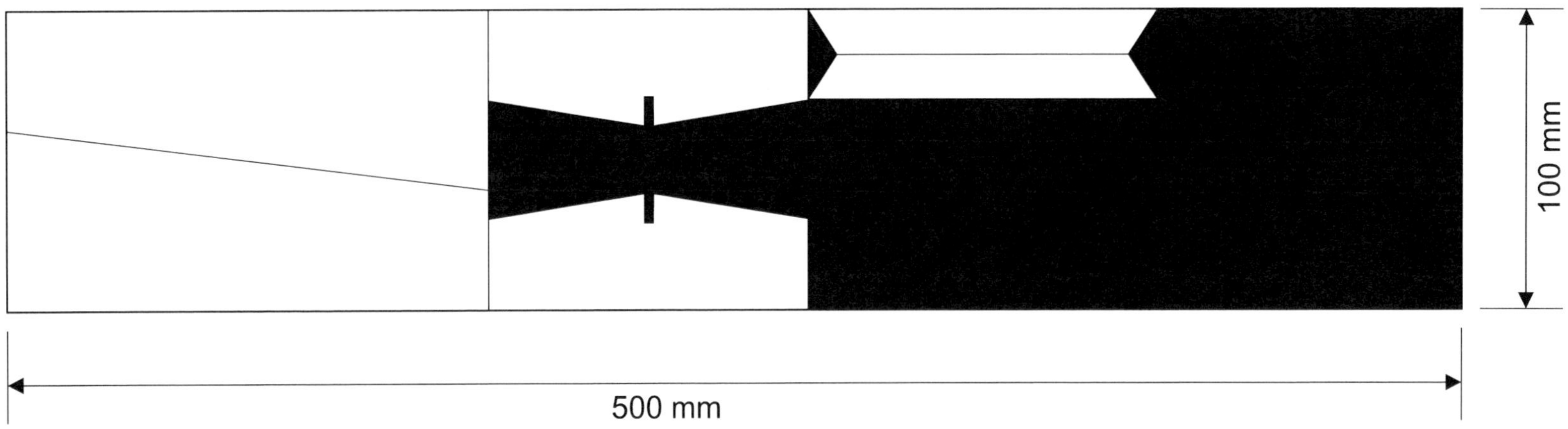

100 mm

500 mm

Maßstab 1:5

Aufteilung des Balsabrettes 1000 x 100 x 1,5 mm für vier Modelle

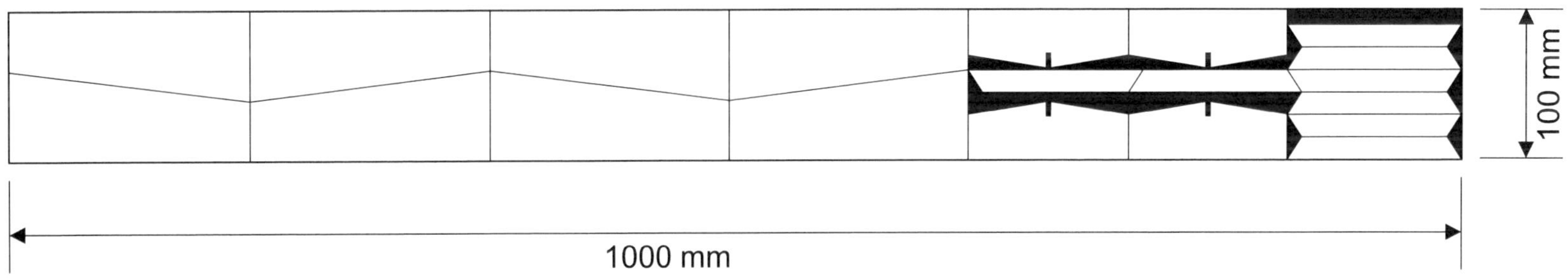

100 mm

1000 mm

Einzelmaße der Teile auf der vorhergehenden Seite

■ = Abfall bzw. Rest, der für weitere Teile verwendet werden kann

STECKFLUGMODELL SERIE FLYER

X-Wing

ab der zweiten Klasse

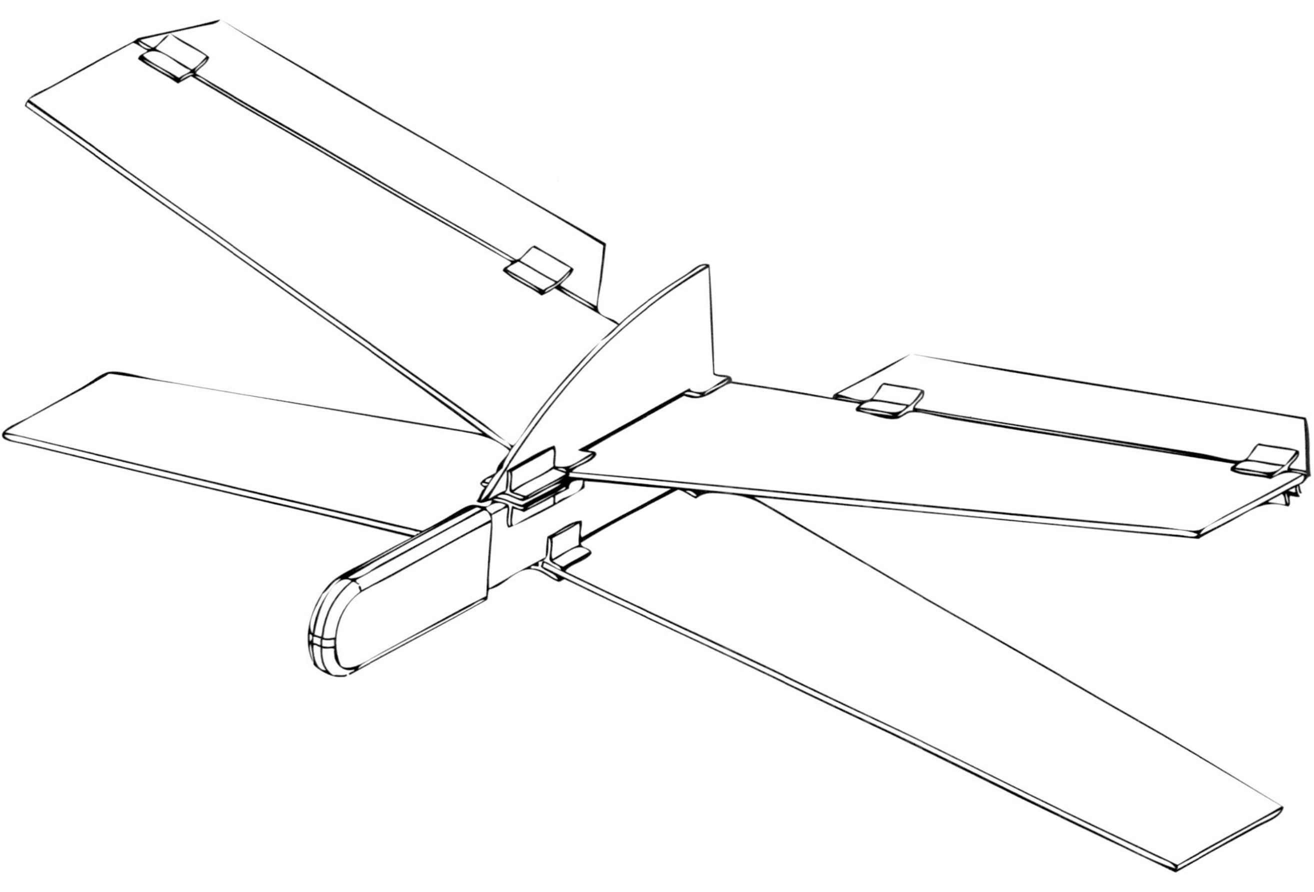

SPANNWEITE:	340 mm
RUMPFLÄNGE:	130 mm
GEWICHT:	10–15 g

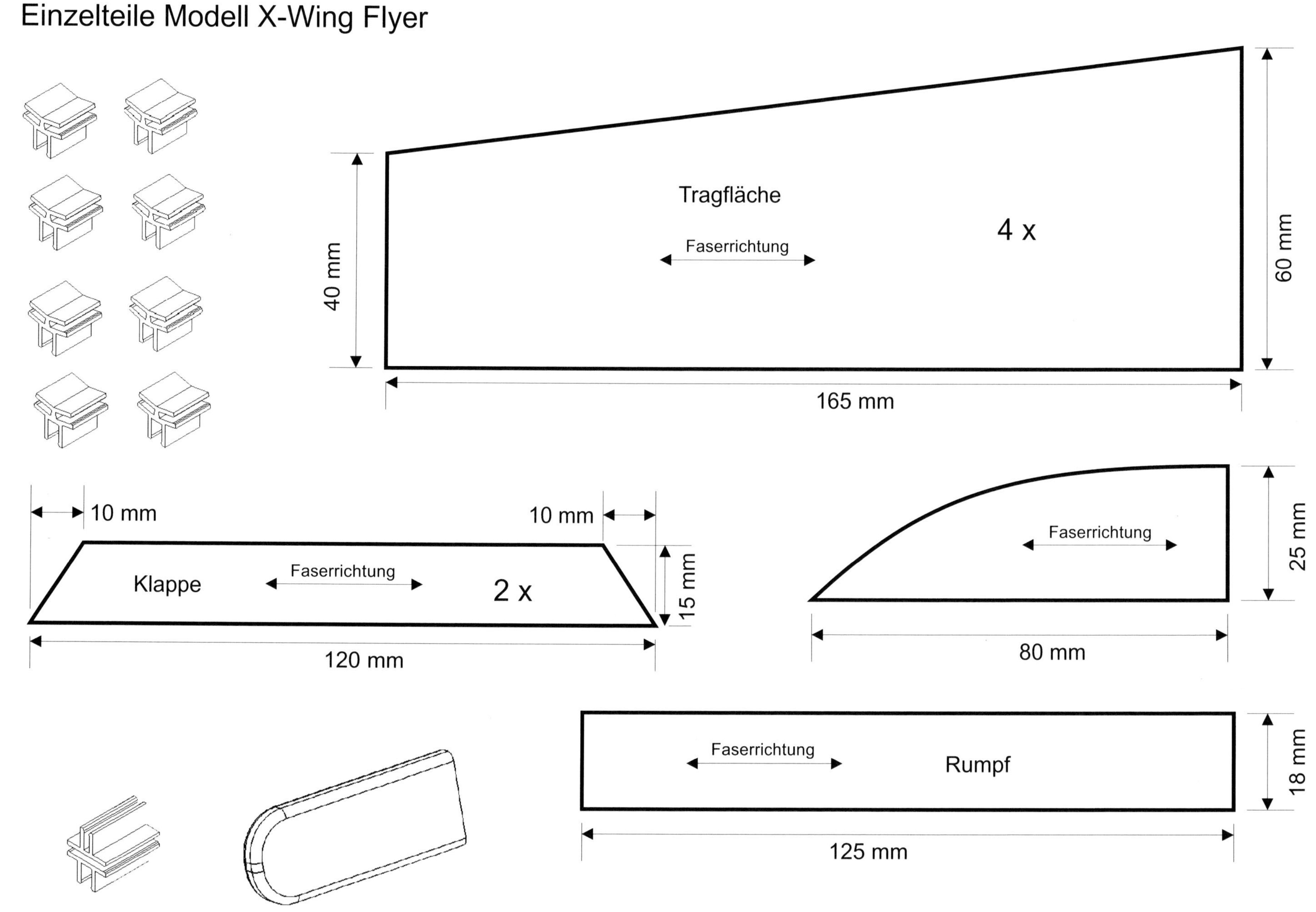
Einzelteile Modell X-Wing Flyer
Tragfläche
Faserrichtung
4 x
40 mm
60 mm
165 mm
10 mm
10 mm
Klappe
Faserrichtung
2 x
15 mm
120 mm
Faserrichtung
25 mm
80 mm
Faserrichtung
Rumpf
18 mm
125 mm

Draufsicht Holzaufteilung X-Wing Flyer

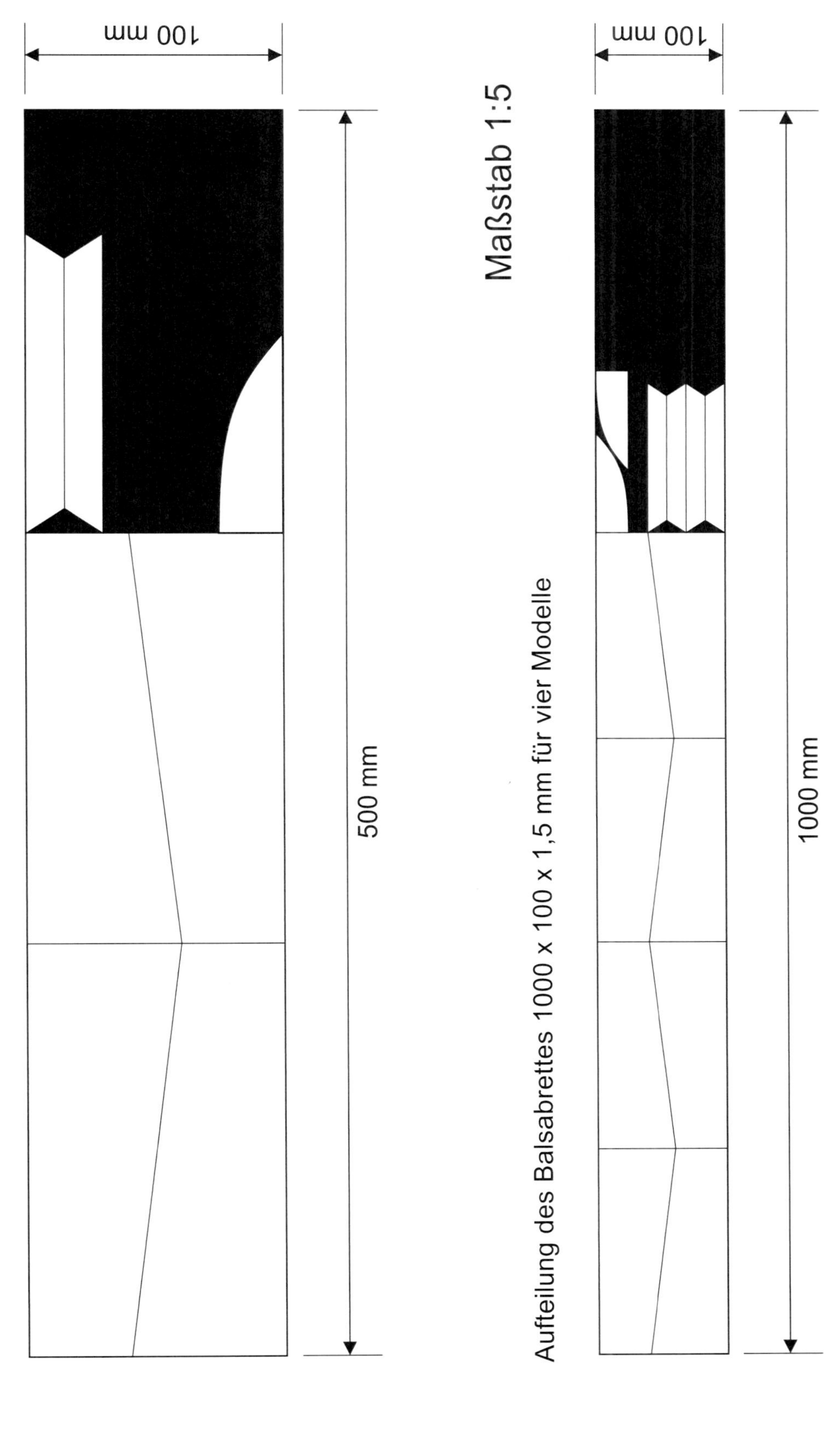

Einzelmaße der Teile auf der vorhergehenden Seite

■ = Abfall bzw. Rest, der für weitere Teile verwendet werden kann

BALSAGLEITER

Mücke

ab der dritten Klasse

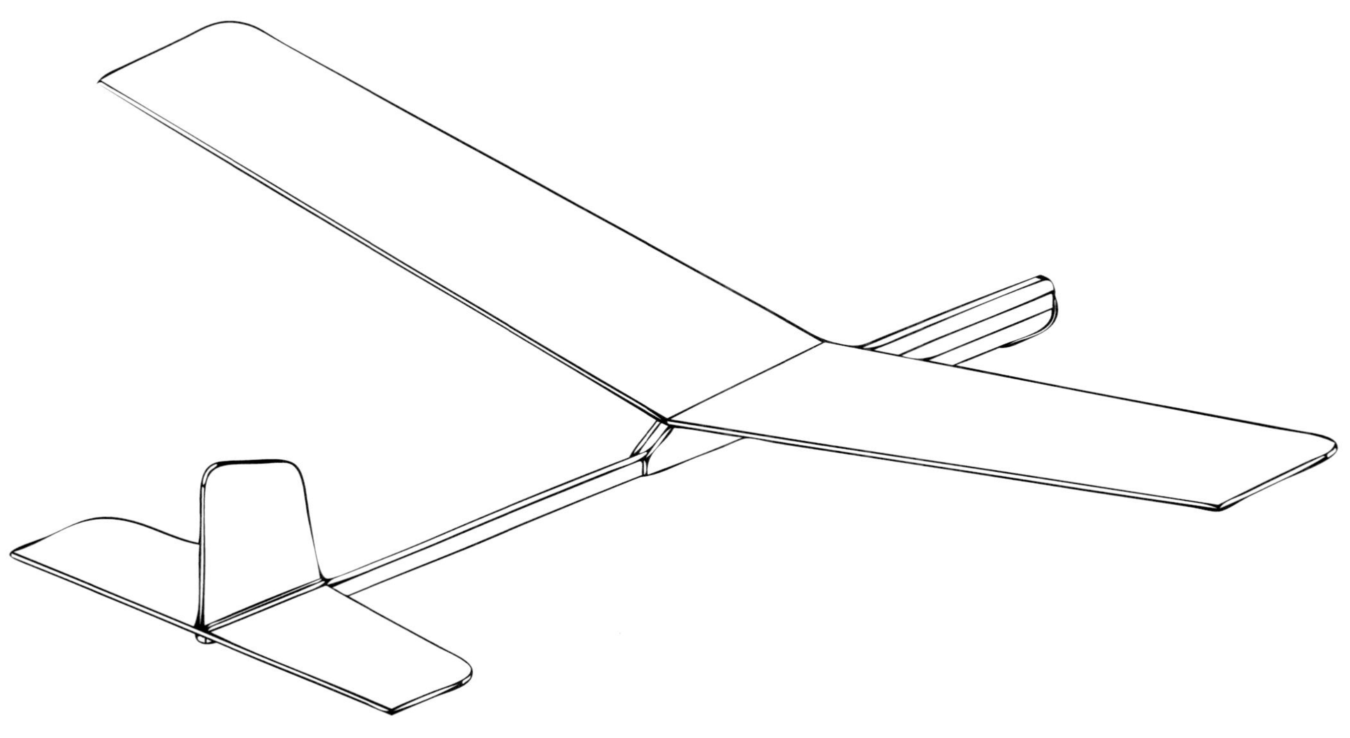

SPANNWEITE:	420 mm
RUMPFLÄNGE:	320 mm
GEWICHT:	30–35 g

BENÖTIGTES MATERIAL:

1 Stk. Balsabrett 1,5 x 100 x 500 mm
1 Stk. Kieferleiste 3 x 5 x 500 mm
1 Stk. Ballast 1 x 3 x 40 mm
1 Stk. Papier
1 Stk. doppelseitiges Klebeband

WERKZEUG:

1 Stk. Bleistift
1 Stk. Dreieck mit rechtem Winkel
1 Stk. Balsamesser
2 Stk. Kunststofffolie DIN A4
1 Stk. Ein-Cent-Münze
1 Stk. Schleifklotz grob und fein beklebt
1 Stk. Stütze 80 mm
1 Stk. Laubsäge/Pucksäge/Feinsäge

KLEBSTOFF: **Weißleim, Hartkleber**
ZEITAUFWAND: **4 Stunden**

ARBEITSVORBEREITUNG

Die Schablonen auf den folgenden Seiten auf dicken Karton kopieren und ausschneiden bzw. aus Sperrholz oder Aluminium herstellen.

Als Ballast kann Walzblei oder Ersatzmaterial für Blei verwendet werden.

Die 80 mm hohe Tragflächenstütze kann ein Stück Holz, Karton oder Schachtel sein.

ARBEITSSCHRITTE IM UNTERRICHT

Alle Teile mit den Schablonen und dem Balsamesser wie folgt ausschneiden.

Die Reste (schwarze Teile) in einer Schachtel zum Weiterverwenden bzw. Ausschneiden von Ersatzteilen aufheben.

Alle Schnittkanten mit dem feinen Schleifpapier abschleifen. Die Tragflächen können gleich in einem Arbeitsgang abgeschliffen werden, ebenso der Parasol.

Für den Rumpf benötigen wir drei Kieferleisten (60 mm, 100 mm, 320 mm). Diese Leisten werden mit der Säge zugeschnitten. Bei der 320 mm langen Leiste am Ende eine Schräge laut Zeichnung mit dem Bleistift anzeichnen und mit dem groben Schleifpapier zuschleifen. Die Rundungen an den kurzen Leisten mit der Ein-Cent-Münze einzeichnen und ebenfalls abschleifen.

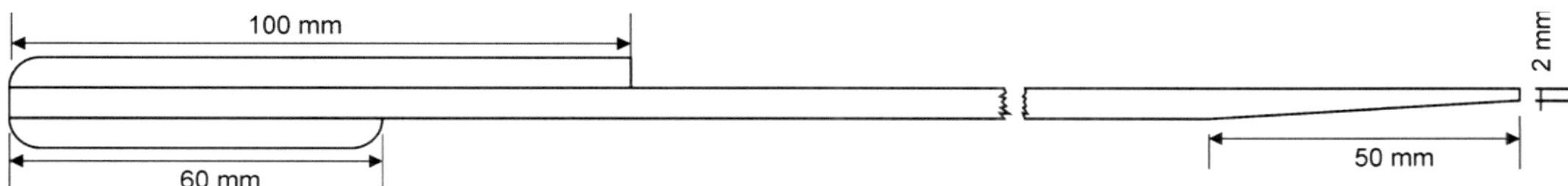

Die Arbeitsfläche mit Kunststofffolie abdecken.

Danach die drei Rumpfleisten zusammenkleben.

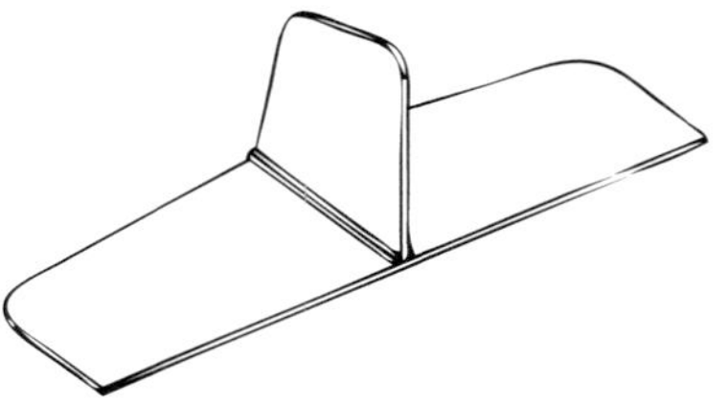

Während der Trockenzeit kann das Höhenleitwerk und Seitenleitwerk im rechten Winkel verklebt werden. Die zwei Stützleisten 1,5 x 1,5 x 45 mm ebenfalls aufkleben.

In der Zwischenzeit kann die Tragflächenauflage (Parasol) mit Papier verstärkt werden.
Achtung! Eine linke und eine rechte Seite herstellen.

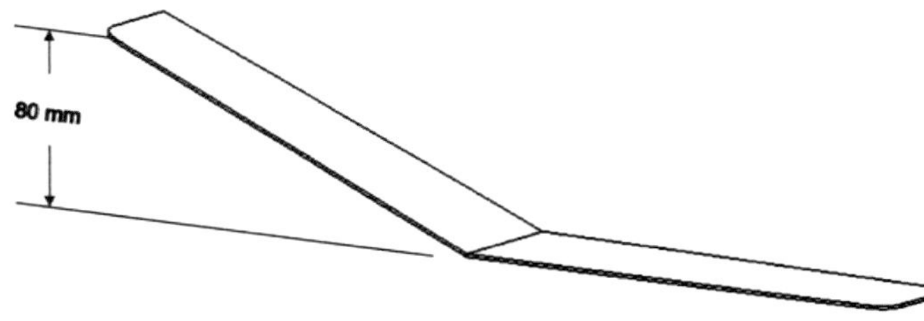

Die Tragflächenhälften werden in der Mitte zusammengeklebt und mit einem Papierstreifen auf der Unterseite verstärkt. Damit eine entsprechende V-Form entsteht, einen Flügel auf 80 mm am Rand anheben.

Den Rumpf kontrollieren und gegebenenfalls noch einmal abschleifen.

Den Parasol links und rechts mit dem Rumpf 70 mm von der Rumpfnase entfernt verkleben. Die Unterseite der Rumpfleiste und des Parasols sollte parallel sein.

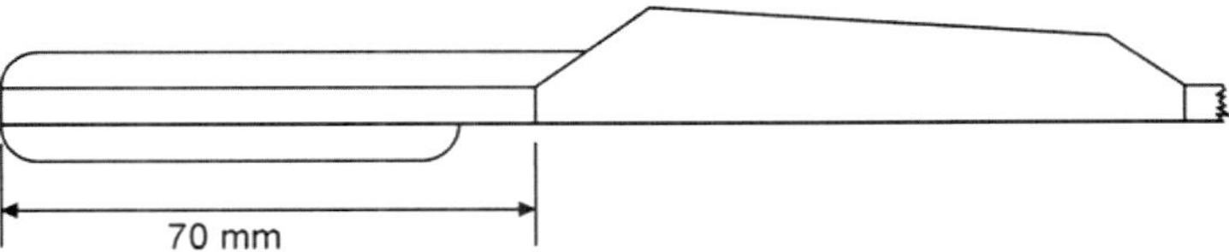

Wenn die Klebestelle zwischen Rumpf und Parasol trocken ist, können die Tragfläche und die Leitwerke mit dem Rumpf verklebt werden. Trocknen lassen.

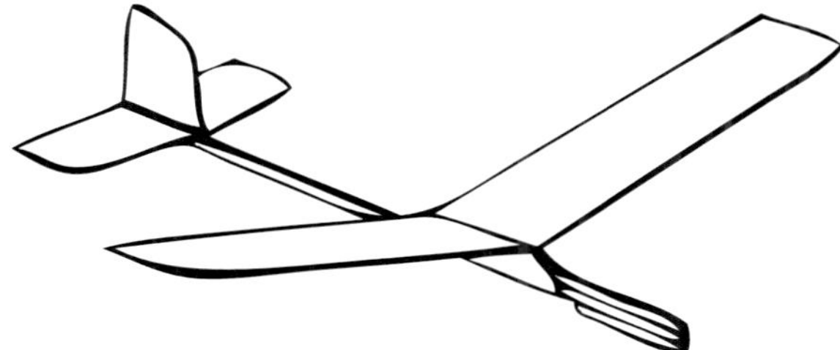

Der Ballast wird auf der Rumpfnase fixiert und erst nach dem **Einfliegen** mit dem Rumpf verklebt.

Das Einfliegen ist ausführlich auf der Seite 19 beschrieben.

Einzelteile 1

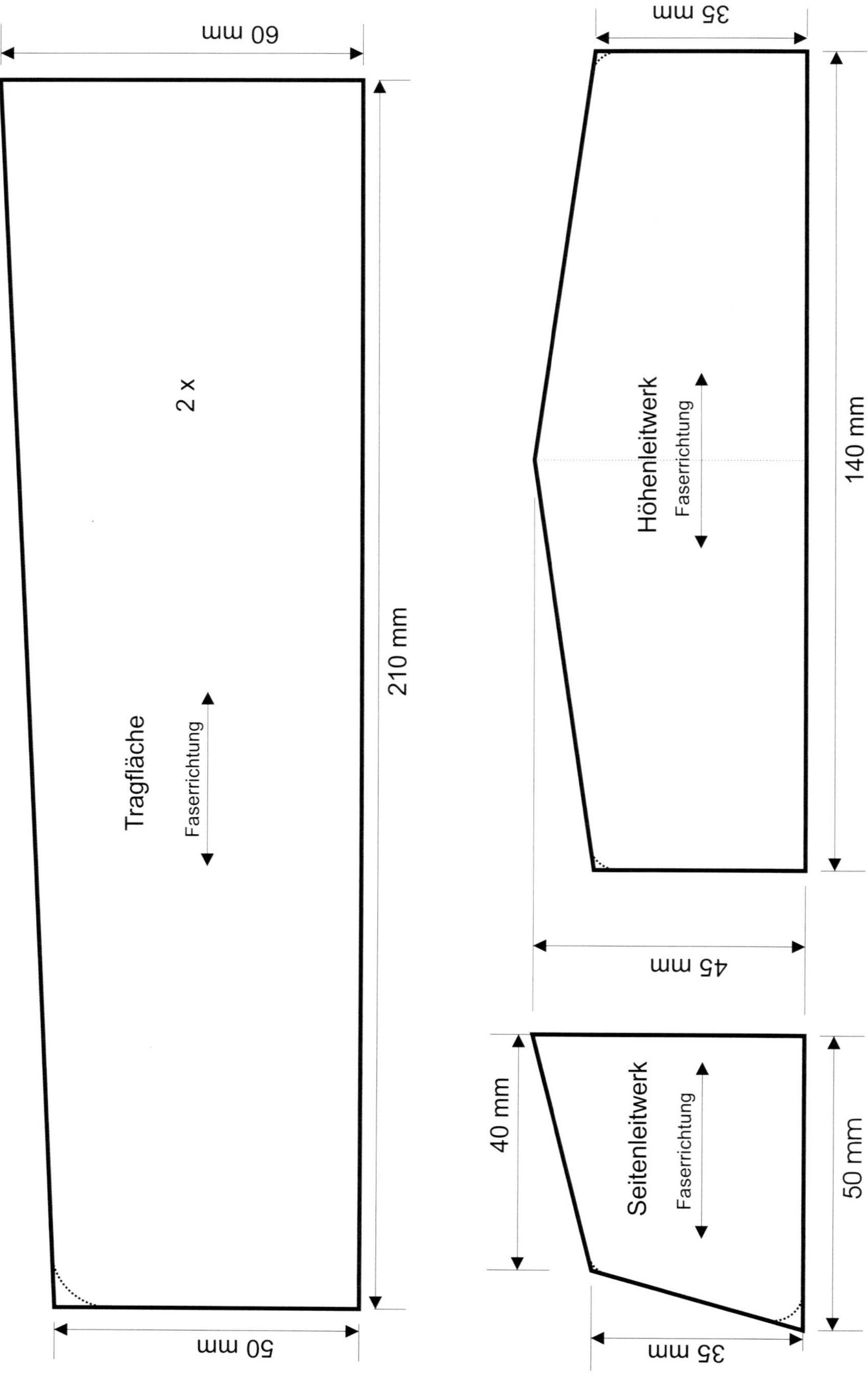

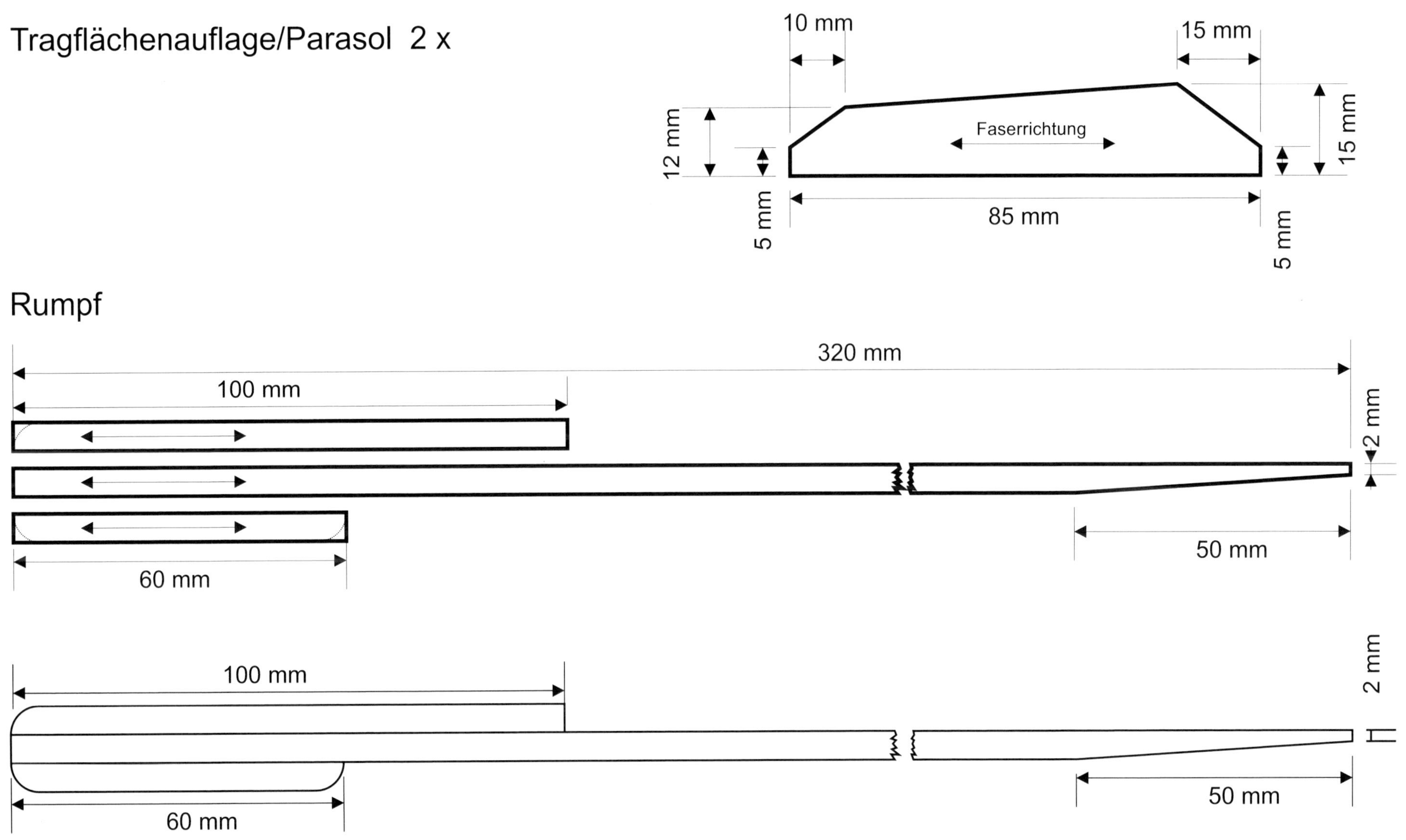
Einzelteile 2
Tragflächenauflage/Parasol 2 x
10 mm
15 mm
12 mm
Faserrichtung
15 mm
5 mm
85 mm
5 mm
Rumpf
320 mm
100 mm
2 mm
50 mm
60 mm
100 mm
2 mm
60 mm
50 mm

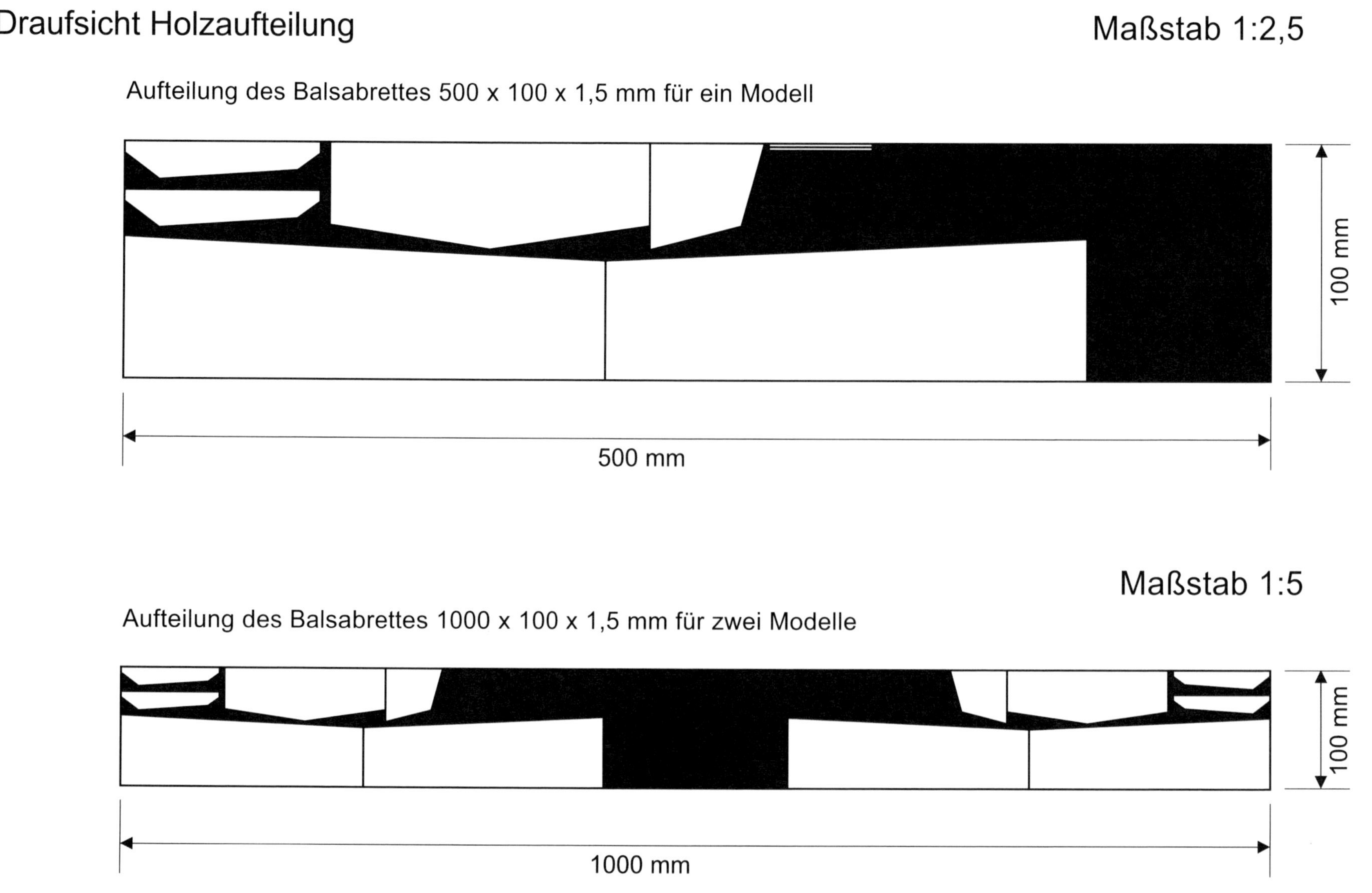

Einzelmaße der Teile auf den vorhergehenden Seiten

■ = Abfall bzw. Rest, der für weitere Teile verwendet werden kann

BALSAGLEITER

Kleinsegler

ab der vierten Klasse

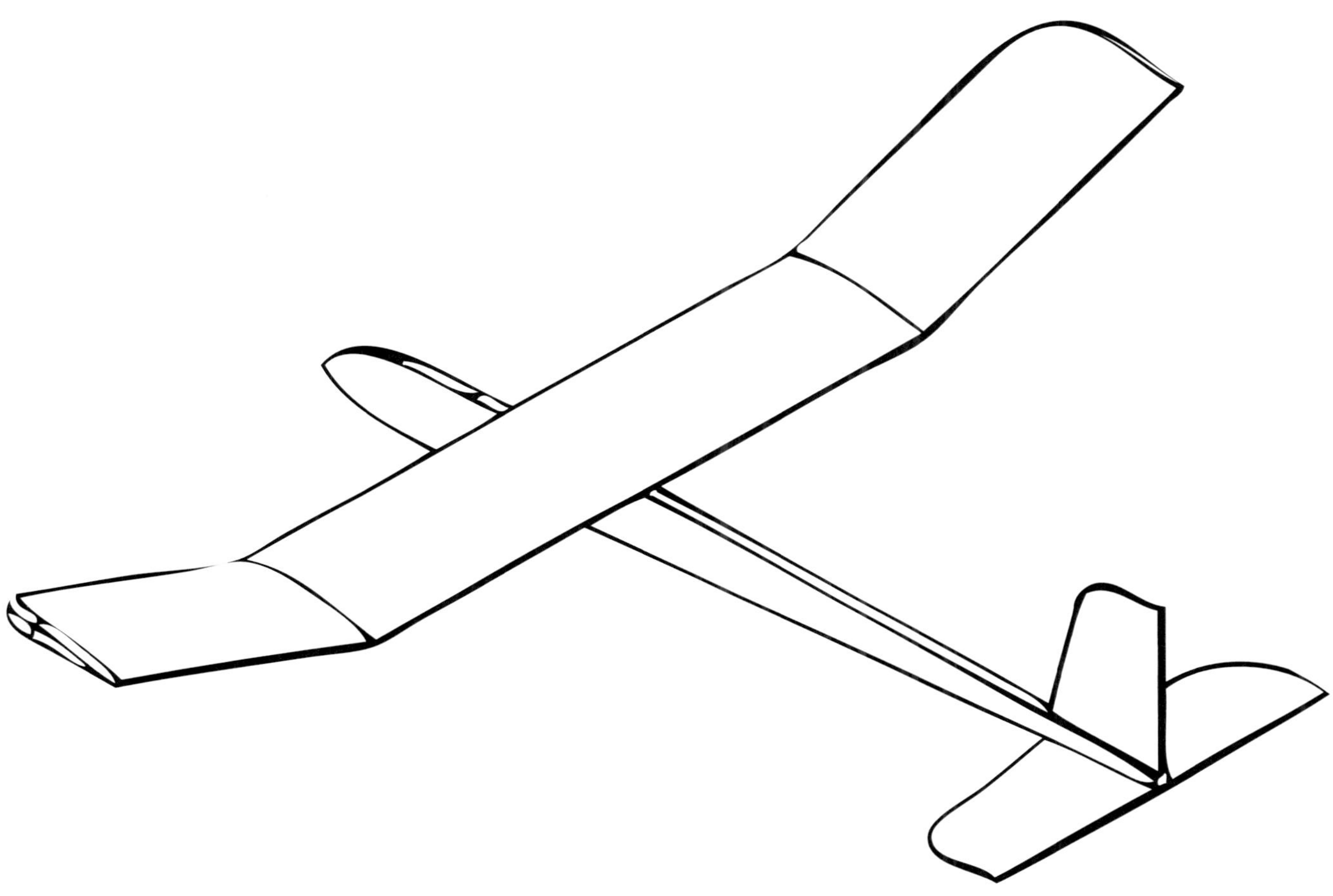

SPANNWEITE:	600 mm
RUMPFLÄNGE:	450 mm
GEWICHT:	100–140 g

BENÖTIGTES MATERIAL:	WERKZEUG:
1 Stk. Balsabrett 1,5 x 75 x 270 mm	1 Stk. Bleistift
1 Stk. Ballast 2 x 30 x 40 mm	1 Stk. Dreieck mit rechtem Winkel
2 Stk. Profilbrett 75 x 8 x 300 mm	1 Stk. Balsamesser
2 Stk. Nasenleiste 3 x 3 x 300 mm	1 Stk. Kreppklebeband
100 ml Porenfüller	1 Stk. Laubsäge mit Laubsägetisch
Variante 1	1 Stk. Pinsel
1 Stk. Rumpf Fertigteil # GK 700R	1 Stk. Schleifklotz grob und fein beklebt
Variante 2–4	1 Stk. Stütze 80 mm
1 Stk. Balsabrett 6 x 42 x 450 mm	1 Stk. Laubsäge/Feinsäge

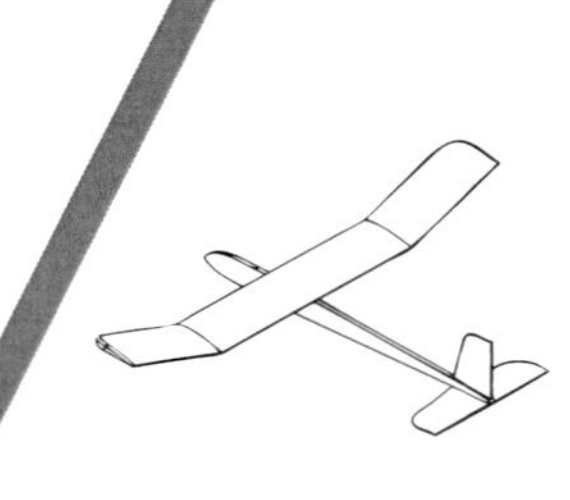

KLEBSTOFF: **Weißleim, Hartkleber**

ZEITAUFWAND: **6–8 Stunden**

ARBEITSVORBEREITUNG

Die Schablonen auf den folgenden Seiten auf dicken Karton kopieren und ausschneiden. Sie können auch aus Sperrholz oder Aluminium hergestellt werden.

Schleifbock für die V-Form bereitstellen.

Stützen oder eine Helling für die Tragfläche mit einplanen.

ARBEITSSCHRITTE IM UNTERRICHT

Auf die Profilbretter (Tragflügel) kleben wir zuerst die Nasenleiste (**auf die Profilierung achten!**) gegen die Profilvorderkante und fixieren diese mit dem Kreppklebeband. Während der Trockenzeit kann das Seitenleitwerk und Höhenleitwerk auf das 1,5 mm Balsaholz übertragen und mit dem Balsamesser ausgeschnitten werden.

Der Rumpf ist 450 mm lang. Bei der Nase hat er eine Breite von 42 mm und am Ende 6 mm.

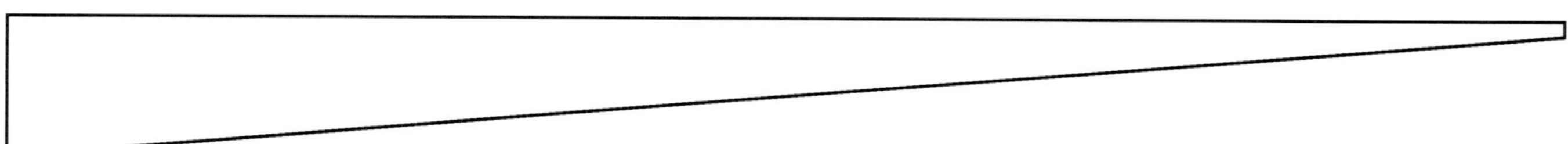

Variante 1: Auf den vorgefertigten Rumpf die Form der Rumpfnase aufzeichnen und ausschneiden.

Holzaufteilung bei Selbstherstellung aus einem 6 mm Balsabrett wie folgt vornehmen.

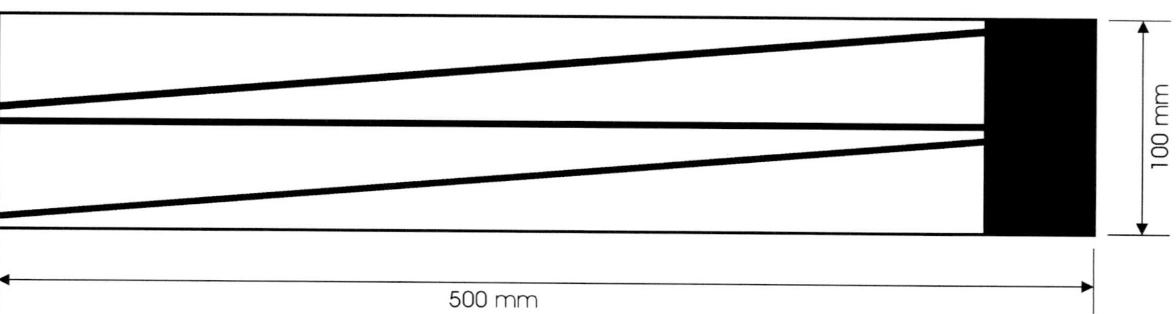

Variante 2: Aus dem 6 mm Balsabrett mit der Laubsäge Variante 2 ausschneiden.

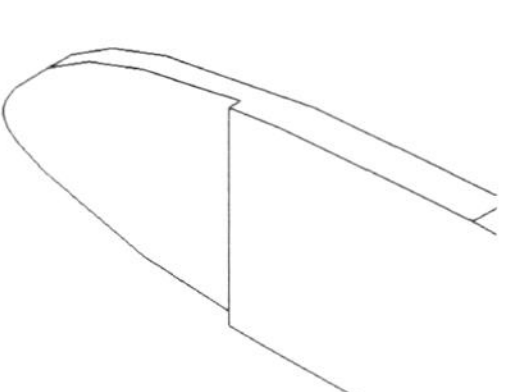

Variante 3: Wie bei Variante 2, nur wird für das Trimmgewicht die Rumpfnase auf einer Seite um 2 mm vertieft.

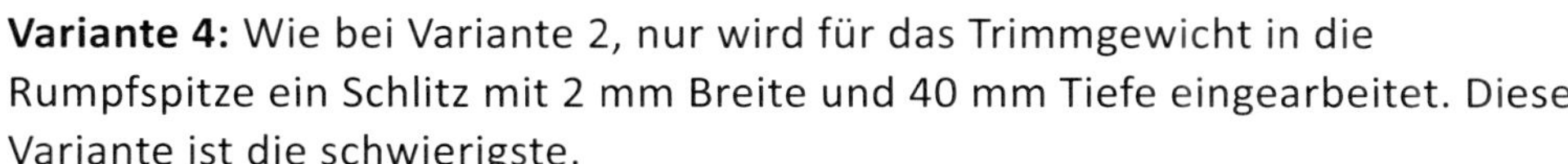

Variante 4: Wie bei Variante 2, nur wird für das Trimmgewicht in die Rumpfspitze ein Schlitz mit 2 mm Breite und 40 mm Tiefe eingearbeitet. Diese Variante ist die schwierigste.

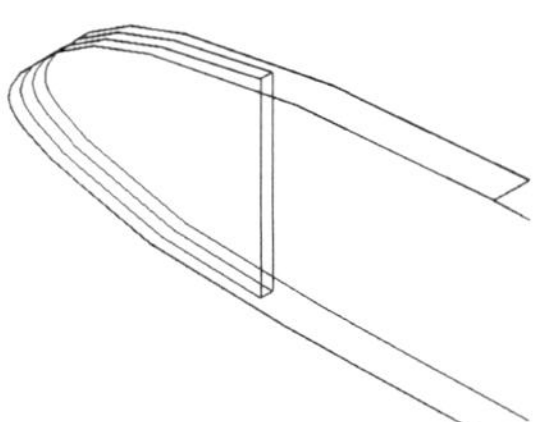

Der Ballast wird nach der Rumpfnase zugeschnitten und gemeinsam mit dieser zugeschliffen.

Das leichtere der beiden Profilbretter in zwei Hälften teilen (150 mm). Auf diese zwei „Ohren“ wird auf der geraden Unterseite der Randbogen gezeichnet.

Achtung! Ein linkes und rechtes Ohr herstellen!

Die aufgezeichnete Form zuschneiden.
Am einfachsten wäre es, das erste kurze Profilbrett (150 mm) zu nehmen, zuzuschneiden und dann beide Hälften mit der Unterseite zusammenzulegen, dass die Nasenleisten auf derselben Seite sind, die Form der ersten Hälfte auf die zweite Hälfte zu übertragen und das zweite Profilbrett zuzuschneiden. Dadurch entstehen ein linker und ein rechter Flügel.

Der folgende Arbeitsschritt ist sehr wichtig und genau durchzuführen.

Der Flügelstoß muss genau abgeschliffen und gut geklebt werden. Wer das nicht beachtet, kann erleben, dass der Flügel gleich bei der ersten Landung in zwei oder mehr Teile zerfällt.

Es werden alle vier Klebeflächen abgeschliffen. Damit ist ein schöner Übergang möglich. Wenn nur die Klebeflächen bei den „Ohren“ abgeschliffen werden, entstehen Stufen.

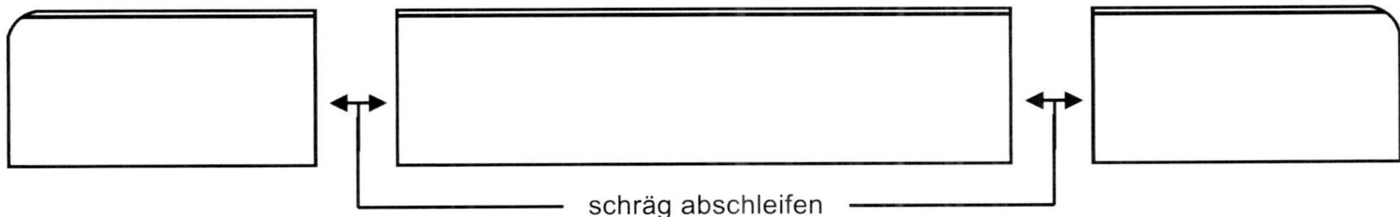

Die Tragflügelteile vom Staub befreien und zusammenkleben. Auf Stirnseitenverklebung achten.

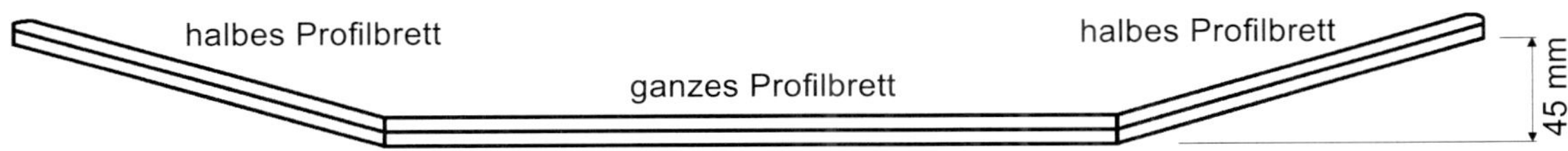

Den Rumpf mit dem Seitenleitwerk verkleben.

Wenn der Rumpf auf der Seite liegt und das Seitenleitwerk verklebt wird, muss unter dem Seitenleitwerk 2,25 mm mit Abfallholz unterlegt werden. Die 2,25 mm kommen so zustande:
Der Rumpf ist 6 mm stark, das Seitenleitwerk hat eine Stärke von 1,5 mm.
6 mm (Rumpfstärke) – 1,5 mm (Seitenleitwerk) = 4,5 mm
4,5 mm : 2 = 2,25 mm

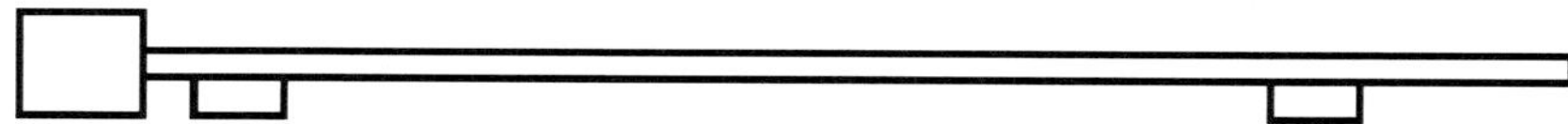

Jetzt fehlen noch die Tragflügel und das Höhenleitwerk. Zuerst das Höhenleitwerk mit dem Rumpf verkleben. Trocknen lassen und danach die Tragflügel mit dem Rumpf verkleben.

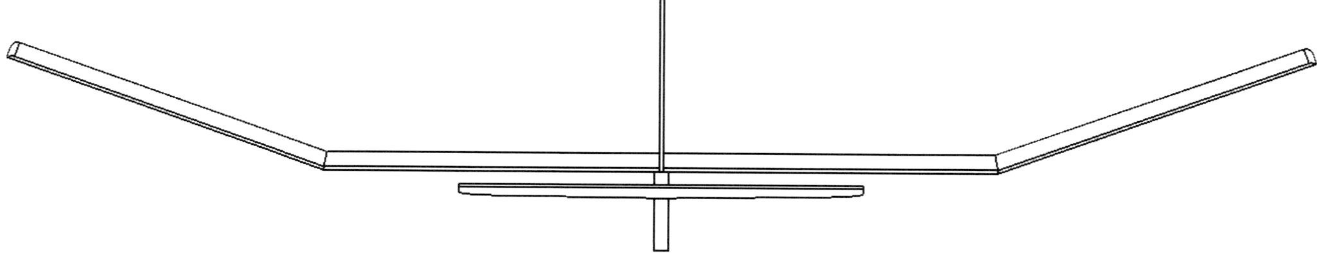

Wenn alle Teile gut verklebt und getrocknet sind, ist das Flugmodell zwei- bis dreimal mit Porenfüller zu streichen. Jetzt könnte das Modell mit einem Farbspray bzw. -lack bunt gestaltet werden.

Wenn der Lack richtig trocken ist, beginnen wir mit dem Auswiegen (Seite 19). Dann kommt der spannendste Moment. Das Modell wird zum ersten Mal seinem Element übergeben.

Wenn das Modell einwandfrei fliegt, kann der Ballast verklebt werden.
Dazu wird der Ballast mit einem Schraubenzieher auf der Klebefläche aufgeraut, Hartkleber wird aufgetragen und der Ballast wird mit dem Rumpf verklebt.

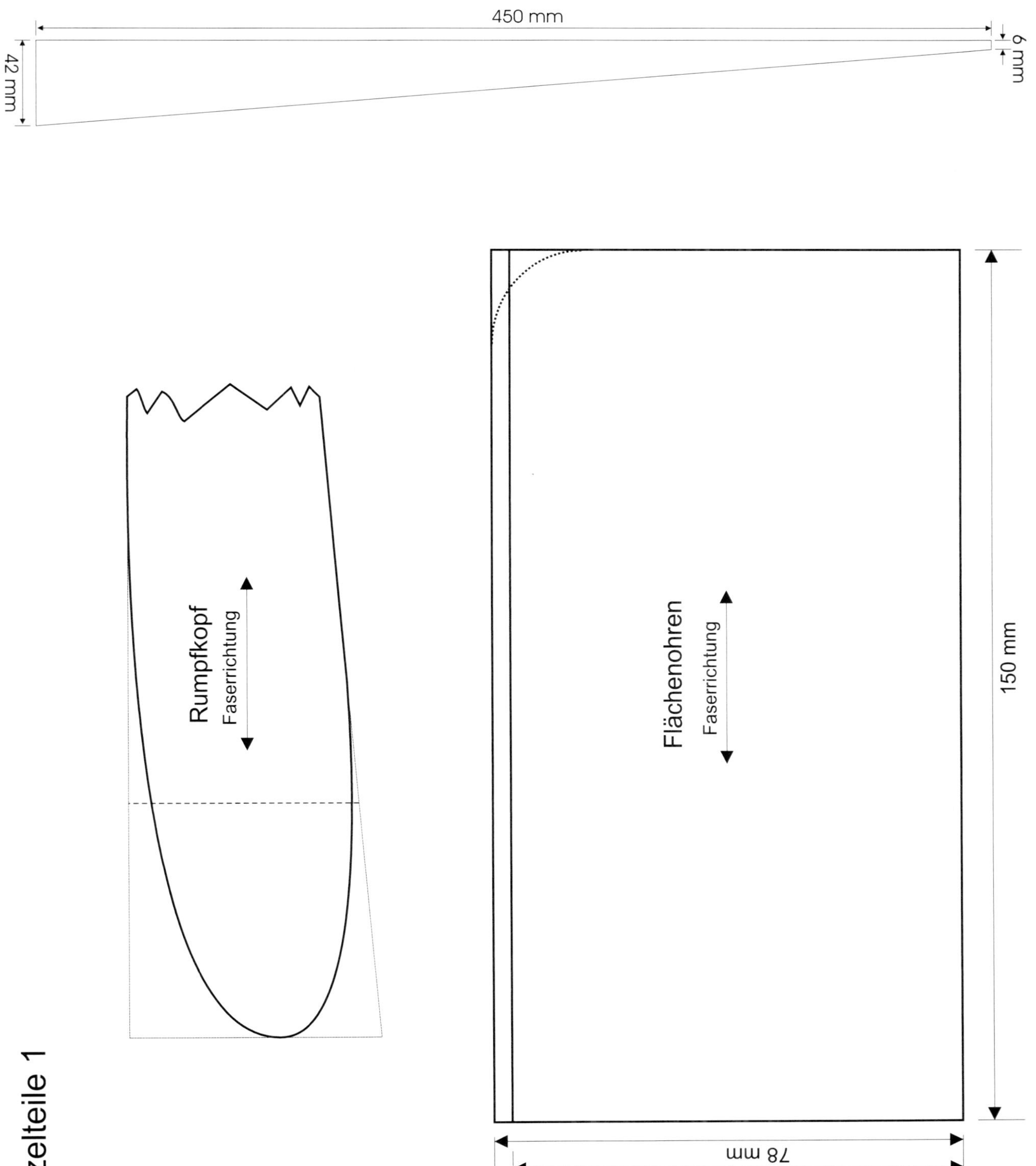
450 mm
42 mm
6 mm
Einzelteile 1
Rumpfkopf
Faserrichtung
Flächenohren
Faserrichtung
150 mm
78 mm
75 mm

Einzelteile 2

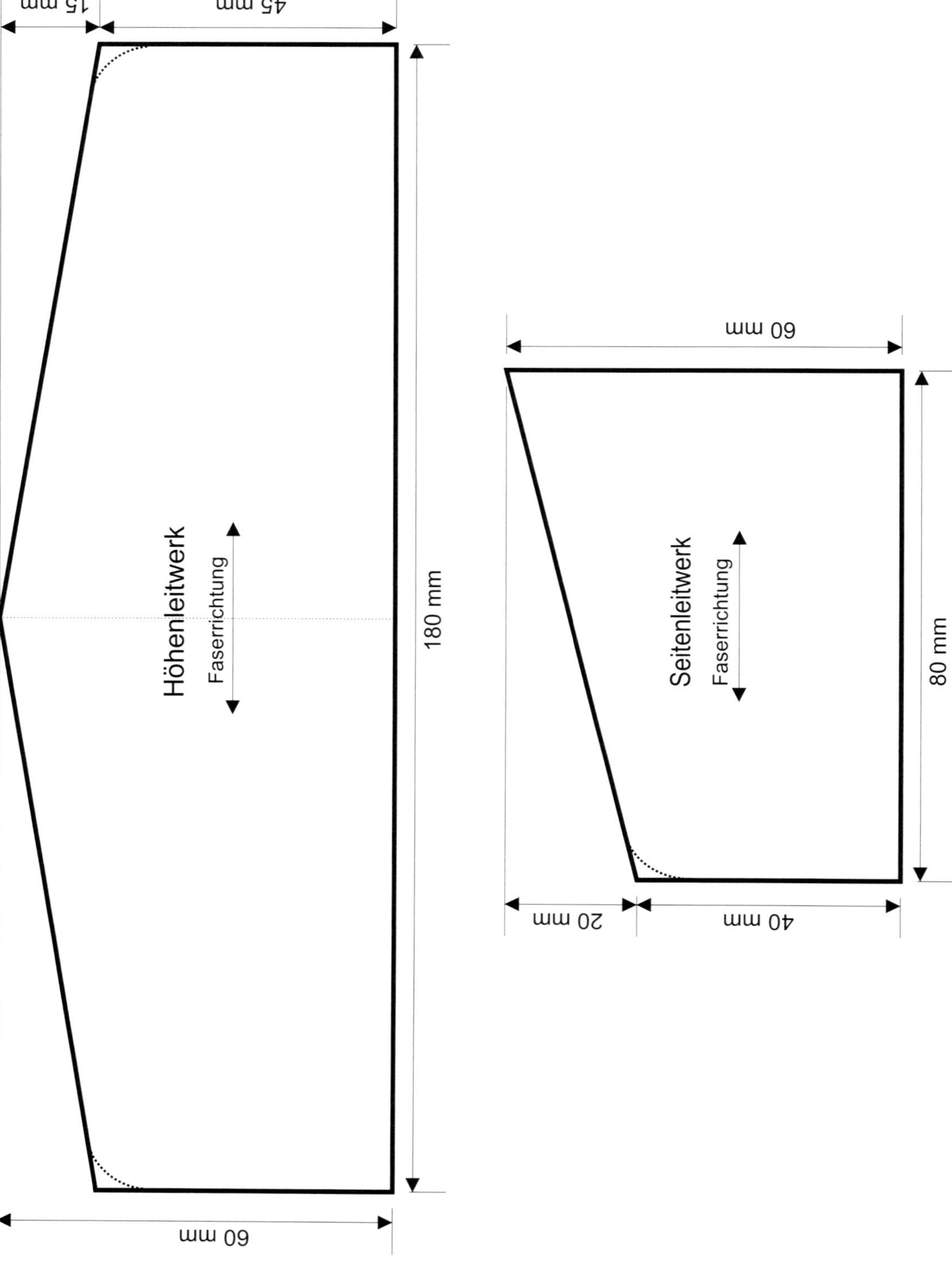

Draufsicht Holzaufteilung

Maßstab 1:2,5

Aufteilung des Balsabrettes 500 x 100 x 1,5 mm

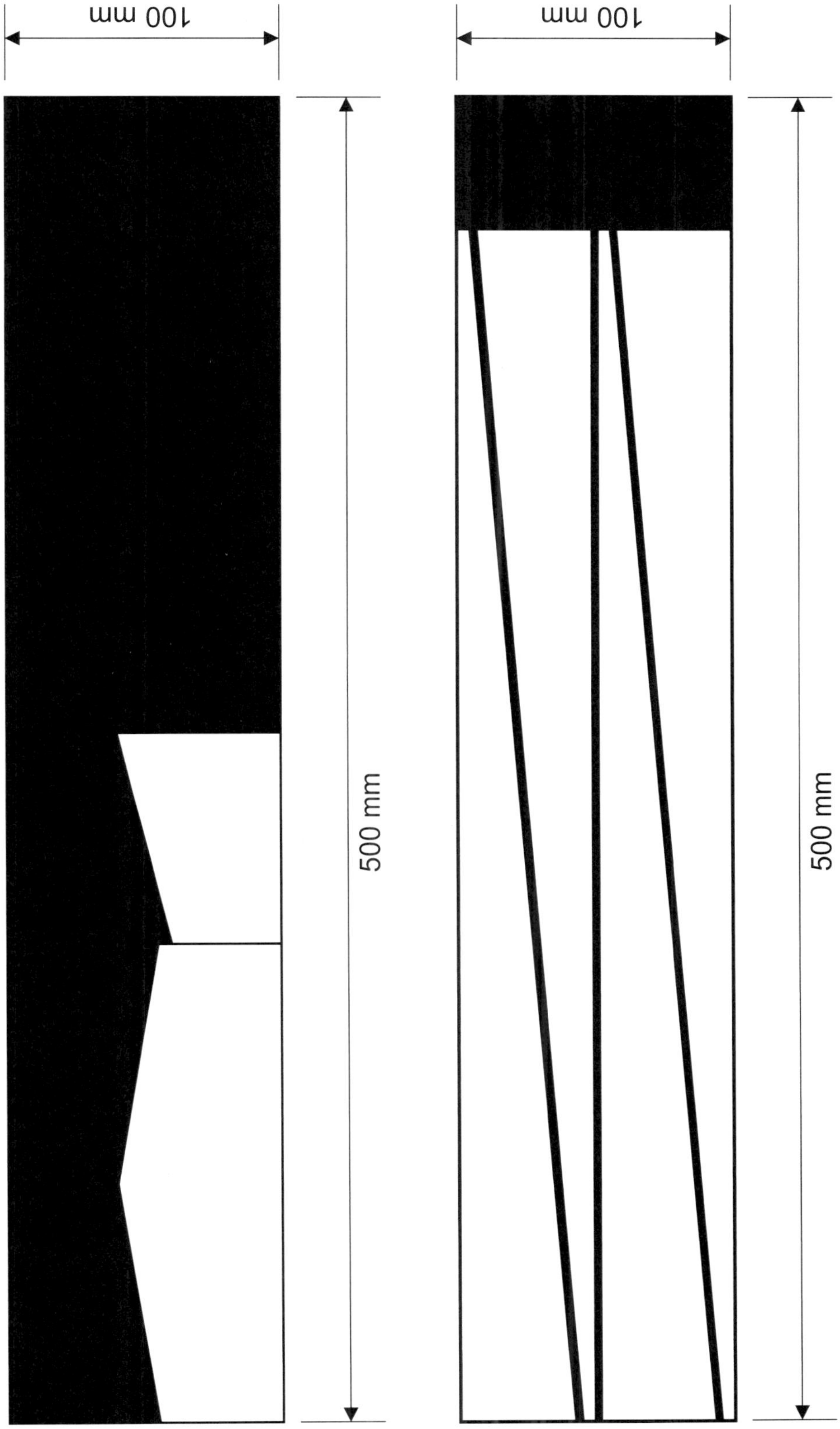

100 mm

500 mm

100 mm

500 mm

Gummimotormodell

ab der fünften Klasse

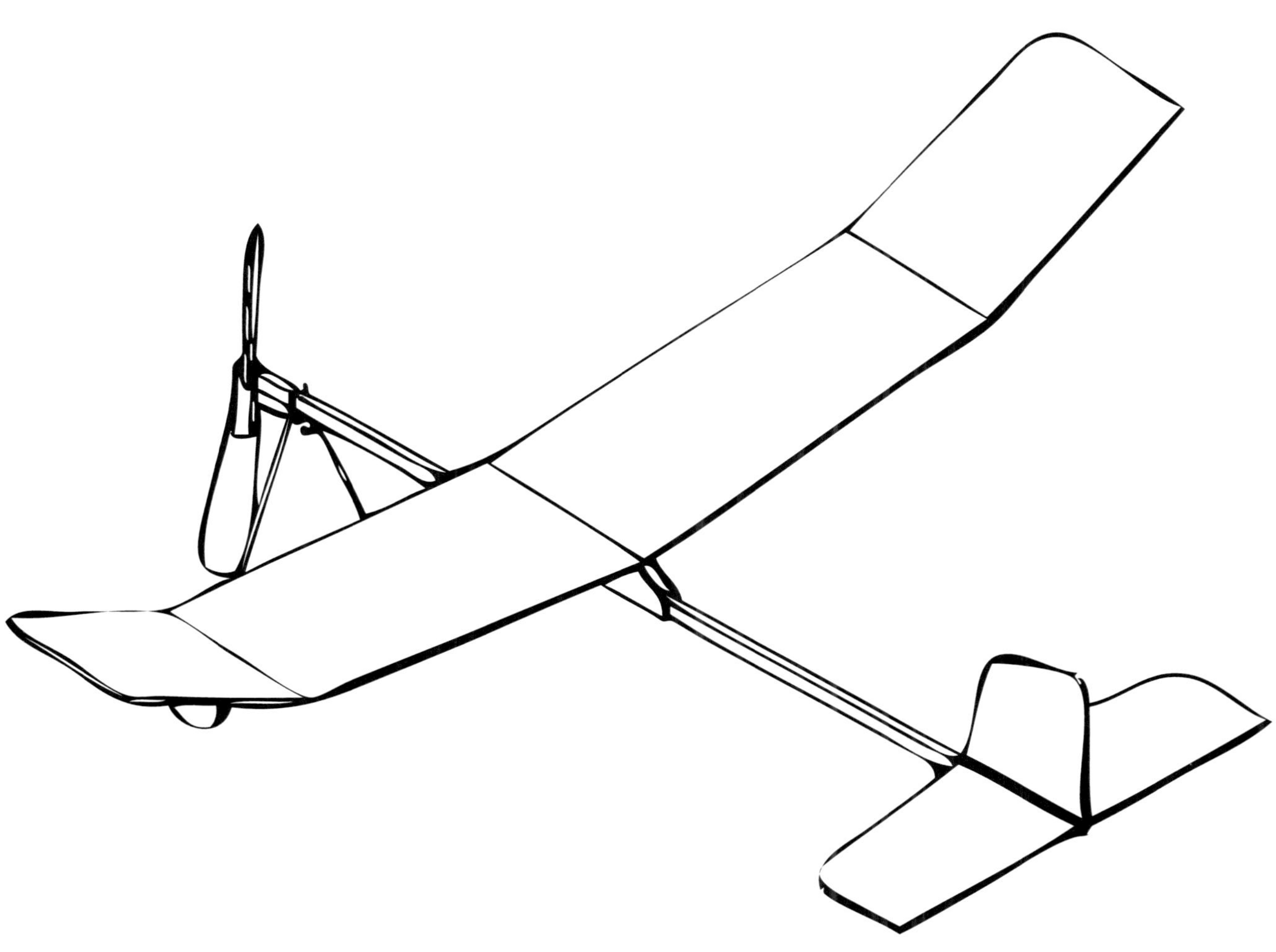

SPANNWEITE:	420 mm
RUMPFLÄNGE:	320 mm
GEWICHT:	35–40 g

BENÖTIGTES MATERIAL:	WERKZEUG:
1 Stk. Balsabrett 1,5 x 100 x 500 mm	1 Stk. Bleistift
1 Stk. Kieferleiste 3 x 5 x 500 mm	1 Stk. Dreieck mit rechtem Winkel
1 Stk. Papier	1 Stk. Balsamesser
1 Stk. Stahldraht 0,8 x 1000 mm	2 Stk. Kunststofffolie DIN A4
3 Stk. Gummiring Ø 60 mm	1 Stk. Spitzzange
1 Stk. Balsaleiste hart 6 x 8 x 20 mm	1 Stk. Schleifklotz grob und fein beklebt
1 Stk. Aluminiumrohr Ø 2 x 15 mm	1 Stk. Stütze 80 mm
1 Stk. Perle	2 Stk. Stütze 15 mm
Zwirn	1 Stk. Laubsäge/Pucksäge/Feinsäge
	1 Stk. Bohrer 0,8 mm

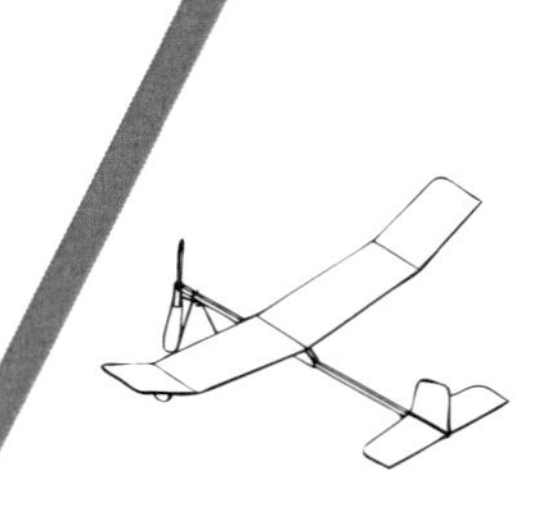

KLEBSTOFF: **Weißleim, Hartkleber**

ZEITAUFWAND: **4 Stunden**

ARBEITSVORBEREITUNG

Die Schablonen auf den folgenden Seiten auf dicken Karton kopieren und ausschneiden bzw. aus Sperrholz oder Aluminium herstellen.

Als Ballast kann Walzblei oder Ersatzmaterial für Blei verwendet werden.

Die 80 mm und 15 mm hohe Tragflächenstütze kann ein Stück Holz, Karton, Schachtel sein.

ARBEITSSCHRITTE IM UNTERRICHT

Alle Teile mit den Schablonen und dem Balsamesser wie folgt ausschneiden.

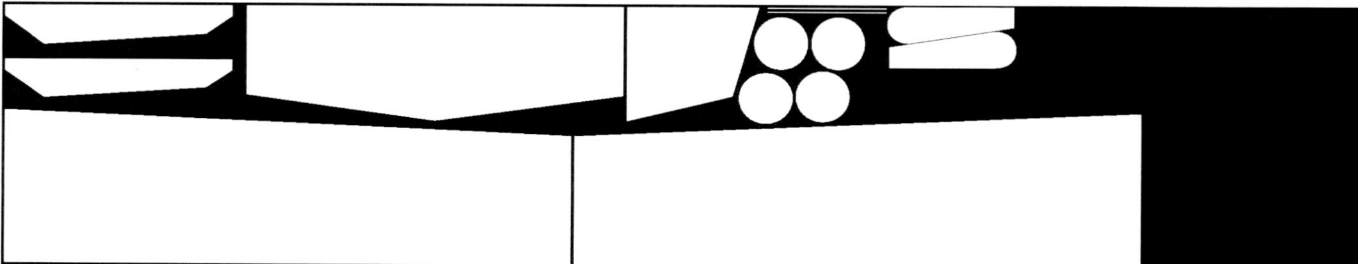

Die Reste (schwarze Teile) in einer Schachtel zum Weiterverwenden bzw. Ausschneiden von Ersatzteilen aufheben.

Alle Schnittkanten mit dem feinen Schleifpapier abschleifen. Die Tragflächen können gleich in einem Arbeitsgang abgeschliffen werden, ebenso der Parasol.

Für den Rumpf benötigen wir zwei Kieferleisten (15 mm, 320 mm). Diese Leisten werden mit der Säge zugeschnitten. Bei der 320 mm langen Leiste am Ende eine Schräge laut Zeichnung mit dem Bleistift anzeichnen und mit dem groben Schleifpapier zuschleifen. Bei der kurzen Leiste von 5 mm auf 3 mm eine Schräge einzeichnen und ebenfalls abschleifen.

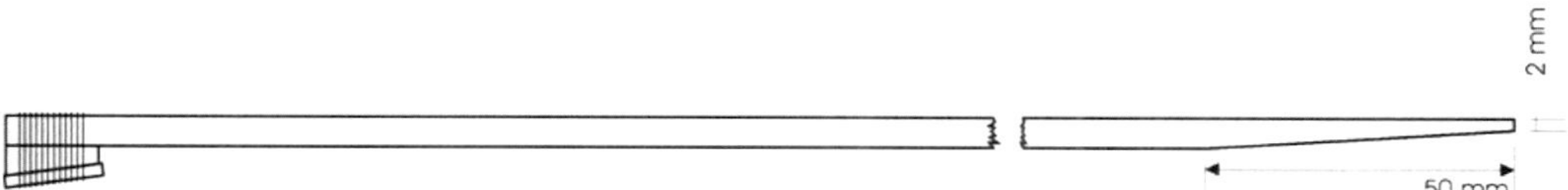

Die Arbeitsfläche mit Kunststofffolie abdecken.

Danach die zwei Rumpfleisten zusammenkleben.

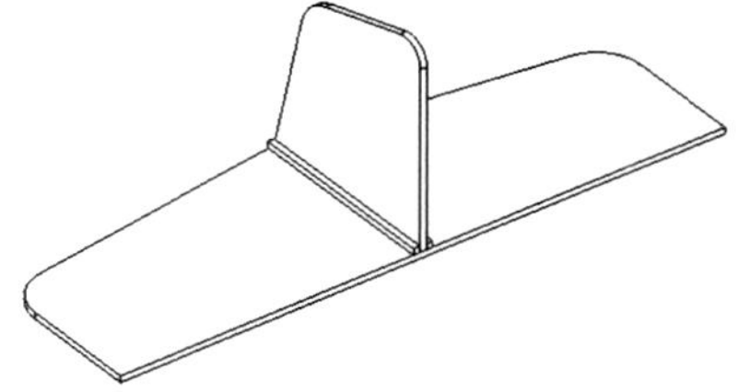

Während der Trockenzeit kann das Höhenleitwerk und Seitenleitwerk im rechten Winkel verklebt werden. Die zwei Stützleisten 1,5 x 1,5 x 45 mm ebenfalls aufkleben.

In der Zwischenzeit kann die Tragflächenauflage (Parasol) mit Papier verstärkt werden.
Achtung! Eine linke und eine rechte Seite herstellen.

Das Luftschraubenlager am Rumpf verkleben und mit Zwirn umwickeln, anschließend die Wicklung gut mit dem Hartkleber einreiben.

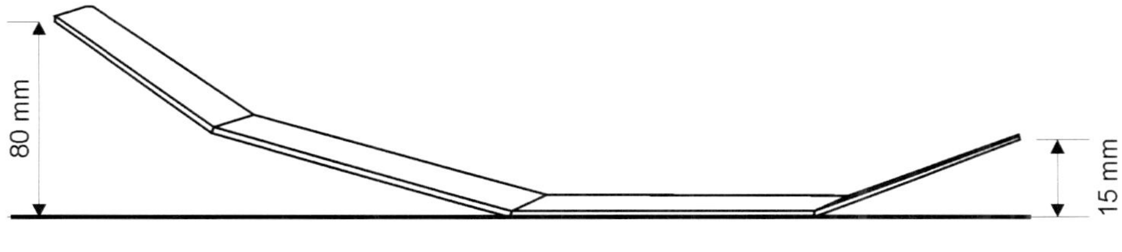

Die Tragfläche ist dreimal geknickt. Jeder Knick wird einzeln hergestellt. Der Ohrenknick wird an der Außenseite mit der 15 mm Stütze aufgebaut. Nach dem Trocknen der beiden Flügelhälften werden die zwei Hälften in der Mitte zusammengeklebt und mit einer 80 mm Stütze an dem Flügelrand abgestützt. Die zwei äußeren Klebestellen werden nur mit einer Leimnaht auf der Oberseite verstärkt, in der Mitte mit einem Papierstreifen auf der Unterseite. Trocknen lassen.

Den Rumpf kontrollieren und gegebenenfalls noch einmal abschleifen.

Den Parasol links und rechts mit dem Rumpf 75 mm von der Rumpfnase entfernt verkleben. Die Unterseite der Rumpfleiste und des Parasols muss parallel sein.

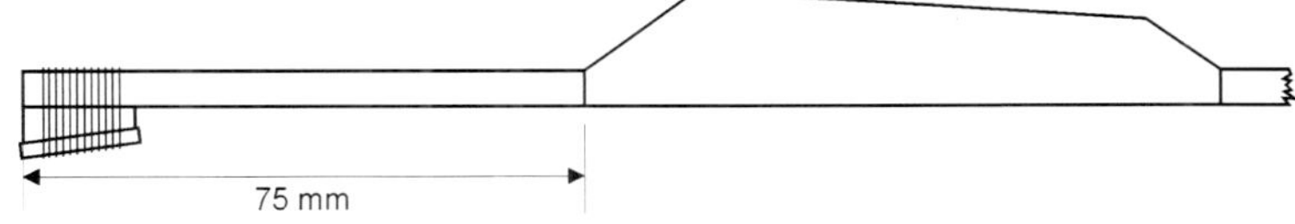

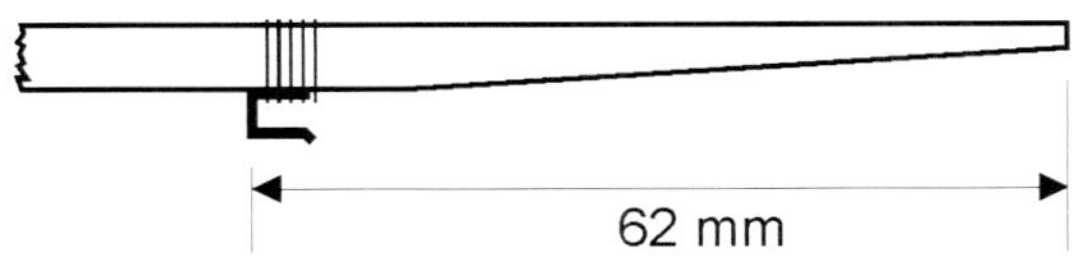

Das Fahrwerk, den hinteren Gummihaken und die Propellerwelle nach der entsprechenden Zeichnung aus dem Stahldraht biegen (siehe Einzelteile 3). Den hinteren Gummihaken am Rumpf montieren und mit Zwirn und Hartkleber verkleben.

Jeweils zwei Radscheiben werden mit gekreuzter Faserrichtung verklebt.

Das Luftschraubenmittelstück wird an jeder schmalen Stirnseite diagonal 5 mm tief eingeschnitten.
Achtung! Die Schnitte müssen sich kreuzen.

Ein 0,8 mm Loch für die Luftschraubenwelle wird in die Mitte gebohrt. Das Luftschraubenmittelstück an den Längsseiten abrunden. Die Luftschraubenblätter einkleben.

Achtung! Bei beiden Luftschraubenblättern die gerade Vorderkante auf derselben Seite positionieren.

Die Luftschraubenwelle von hinten durch das Aluminiumrohr stecken, die Perle auffädeln, die Luftschrauben aufstecken, den Stahldraht um 90 Grad abwinkeln und mit der Luftschraube verkleben.

Die Tragfläche und die Leitwerke mit dem Rumpf verkleben. Trocknen lassen.

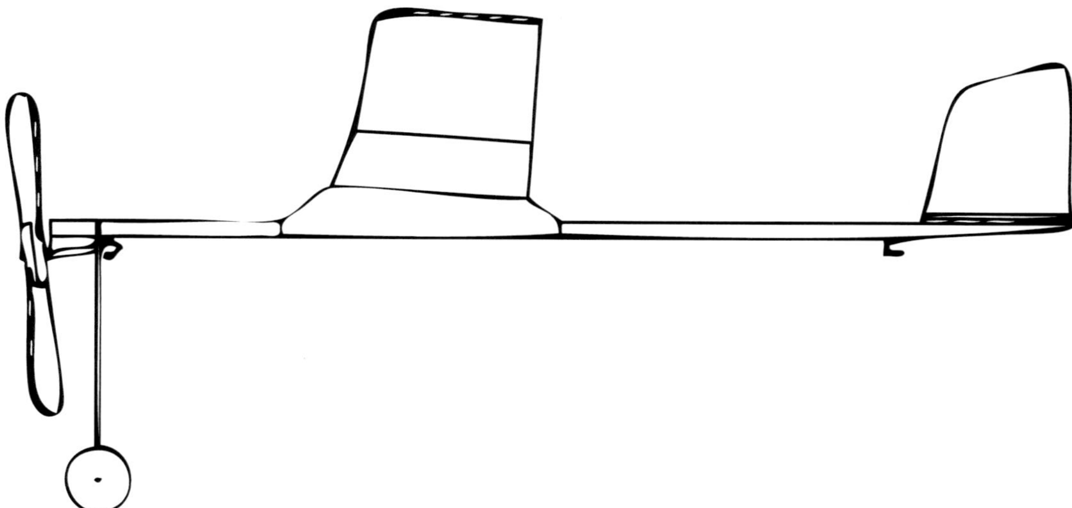

Fahrwerk mit dem Rumpf verkleben, Räder montieren, Stahldraht so verbiegen, dass die Räder nicht herunterfallen können. Gummiring einhängen und das Modell einfliegen.

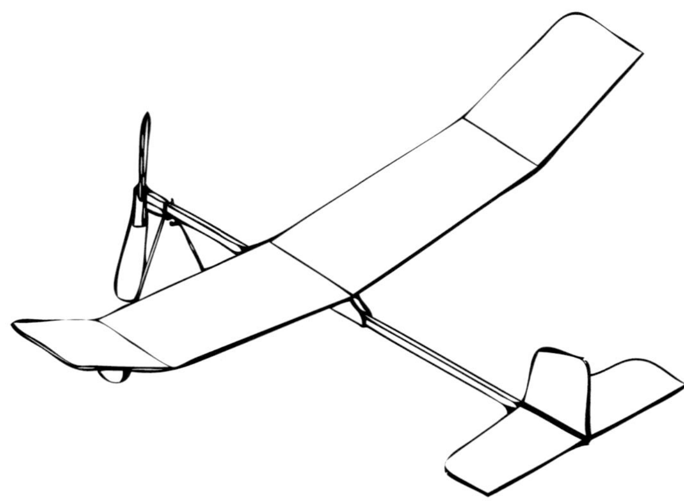

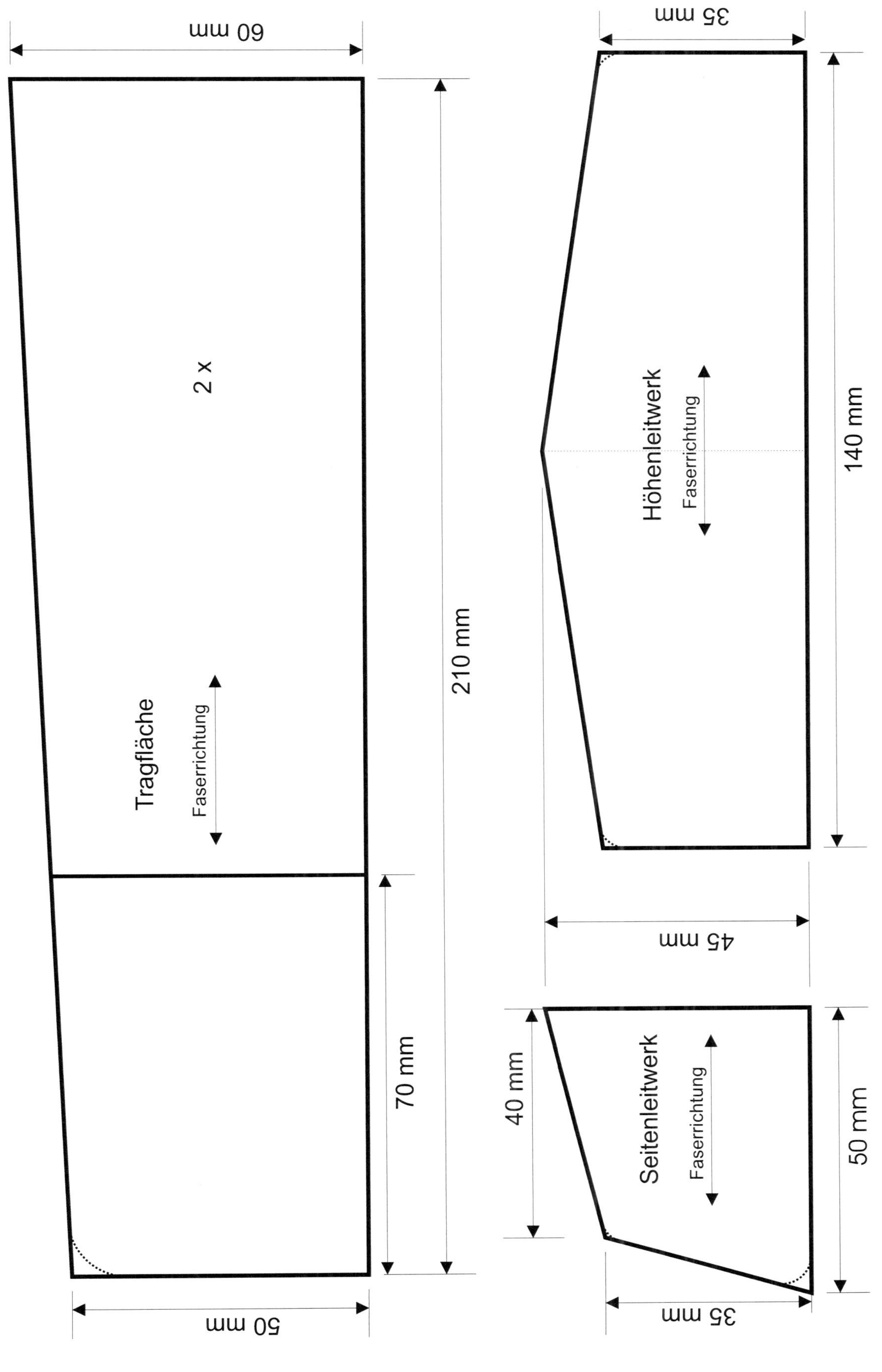
Einzelteile 1
60 mm
2 x
Tragfläche
Faserrichtung
210 mm
70 mm
50 mm
35 mm
Höhenleitwerk
Faserrichtung
140 mm
45 mm
Seitenleitwerk
Faserrichtung
40 mm
50 mm
35 mm

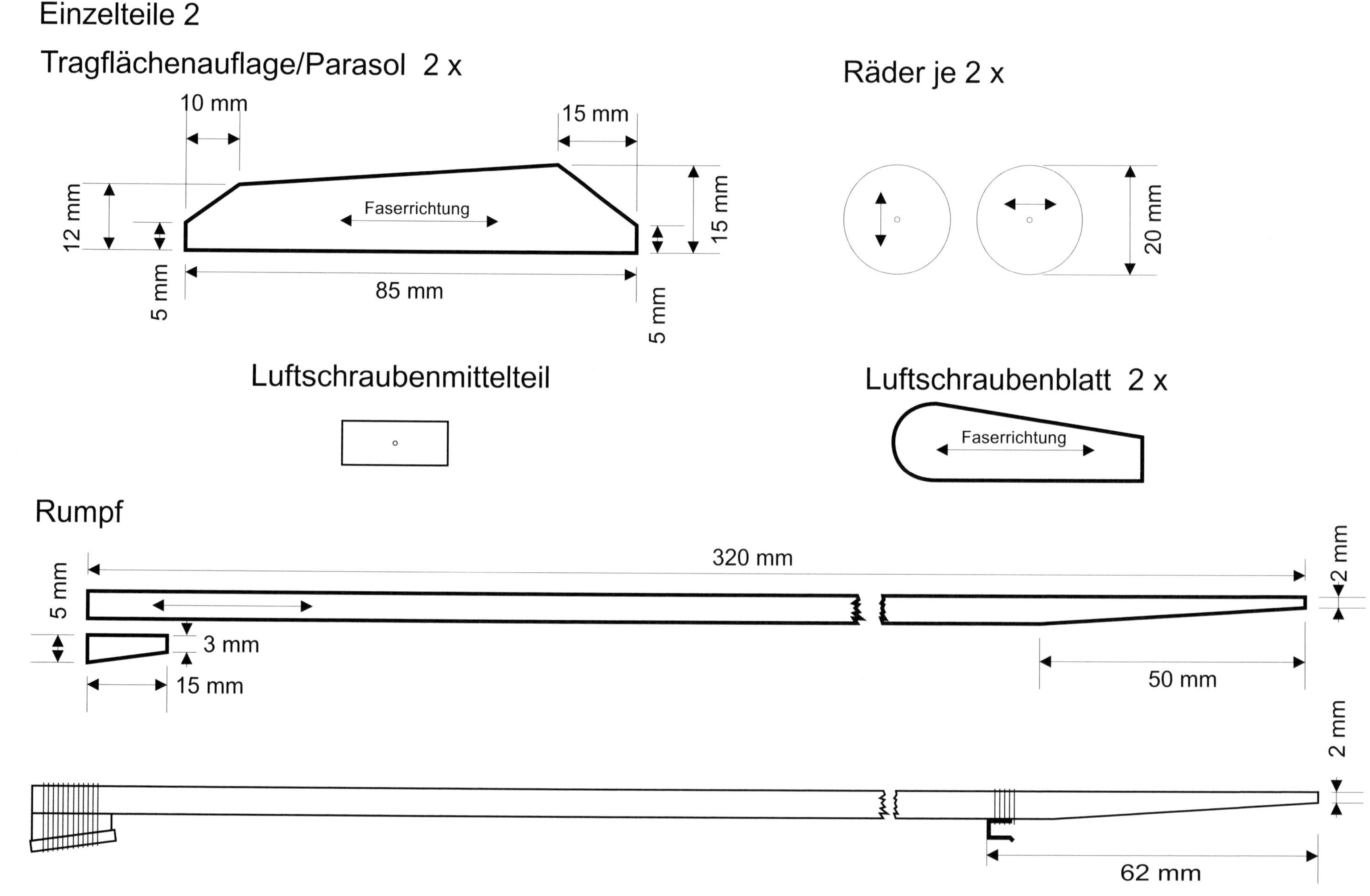
Einzelteile 2
Tragflächenauflage/Parasol 2 x
10 mm
15 mm
12 mm
Faserrichtung
15 mm
5 mm
85 mm
5 mm
Räder je 2 x
20 mm
Luftschraubenmittelteil
Luftschraubenblatt 2 x
Faserrichtung
Rumpf
320 mm
5 mm
2 mm
3 mm
15 mm
50 mm
2 mm
62 mm

Einzelteile 3

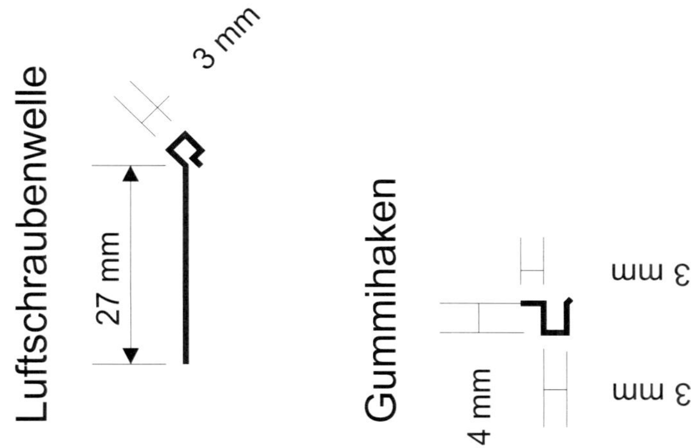

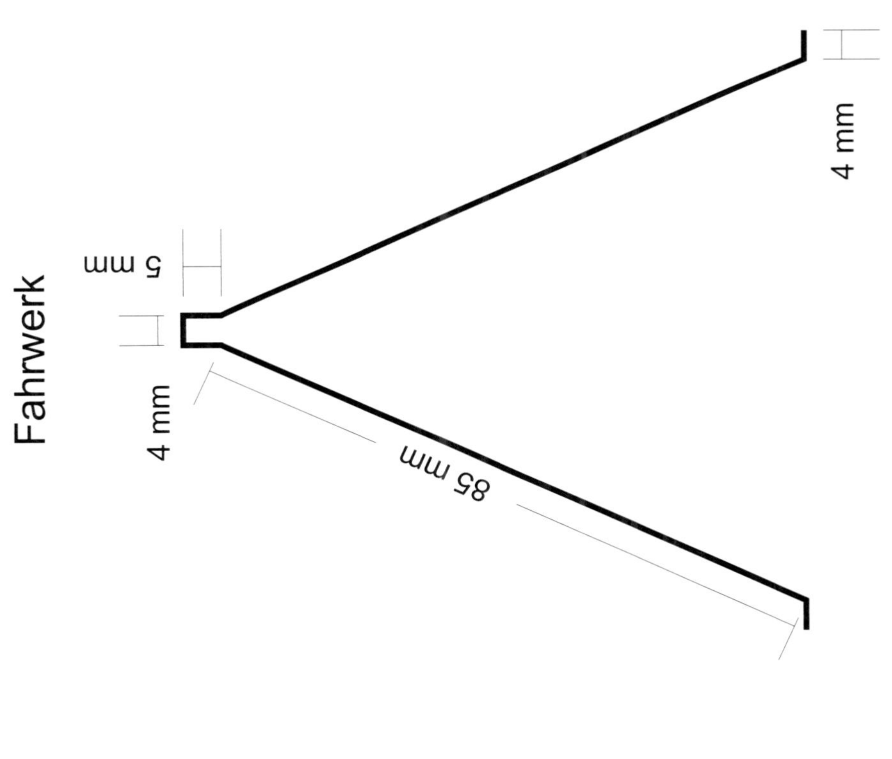

Draufsicht Holzaufteilung

Maßstab 1:2,5

Aufteilung des Balsabrettes 500 x 100 x 1,5 mm für ein Modell

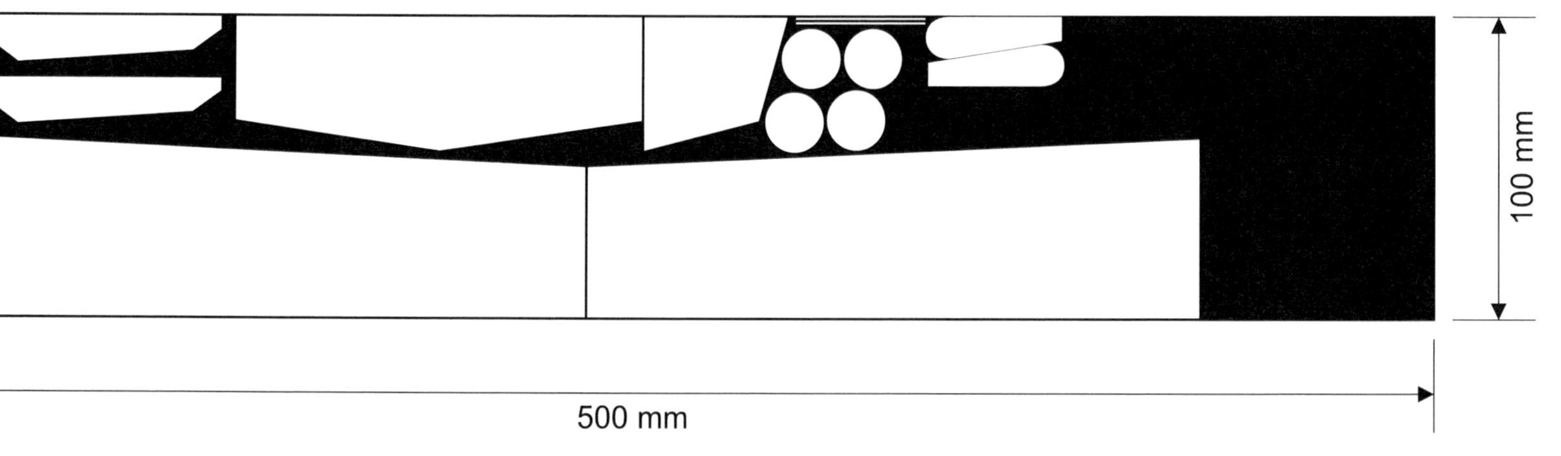

Maßstab 1:5

Aufteilung des Balsabrettes 1000 x 100 x 1,5 mm für zwei Modelle

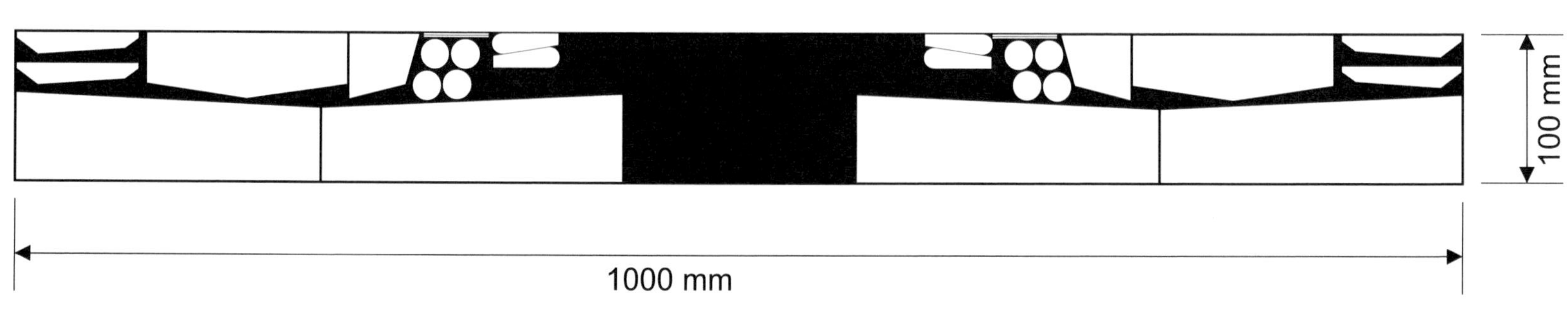

Einzelmaße der Teile auf den vorhergehenden Seiten

■ = Abfall bzw. Rest, der für weitere Teile verwendet werden kann

Segelflugmodell MAZ-Gleiter

ab der sechsten Klasse

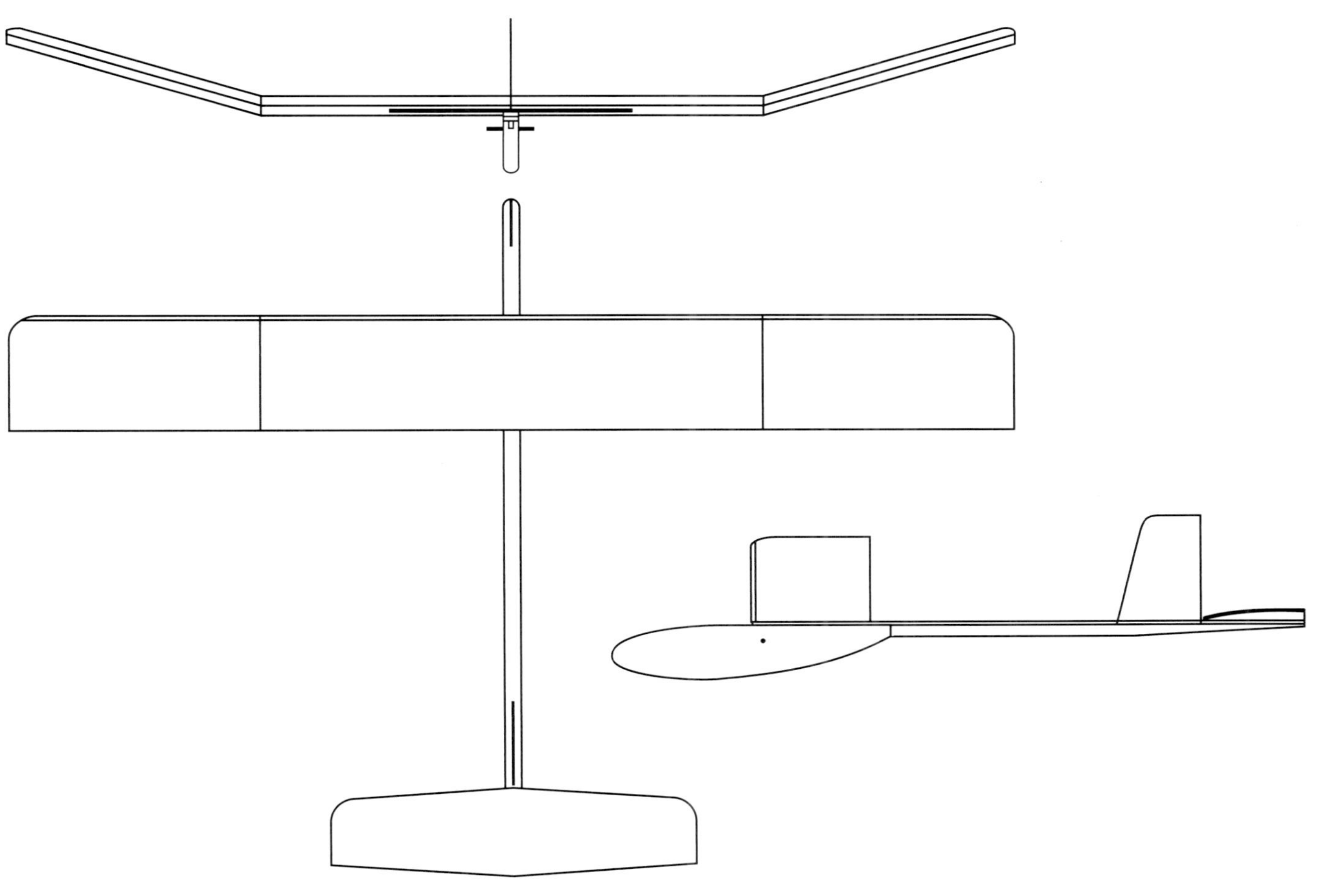

SPANNWEITE:	920 mm
RUMPFLÄNGE:	600 mm
GEWICHT:	180–240 g

Nr.	Benennung	Material	Stück	Abmessung in mm	
RUMPF					
1	Leitwerksträger waagrecht	Kiefer	1	3 x 10 x 460	
2	Leitwerksträger senkrecht	Kiefer	1	3 x 10 x 460	
3	Rumpfkopf	Balsa hart	1	10 x 50 x 225	GK 704R
	Alternativer Rumpfkopf	Balsa hart	3	3 x 50 x 230	
4	Ballast	Walzblei	1	2 x 35 x 50	
5	Gummihaltedübel	Buche	1	Ø 4 x 40	
11	Seitenleitwerk	Balsa	1	1,5 x 75 x 100	
13	Stützleisten	Balsa	2	3 x 3 x 50	
HÖHENLEITWERK (HLW)					
18	Höhenleitwerk	Balsa	1	1,5 x 75 x 300	
19	Leitwerksrippe	Balsa	1	10 x 75	GK 520
RUMPF-ERGÄNZUNGSTEILE FÜR DIE THERMIKBREMSE UND KURVENSTEUERUNG					
6	Hochstarthaken	Messing	1	Ø 2	
7	1. Seilführung	Kunststoffrohr	1	Ø 2 x 40	
8	2. Seilführung	Kunststoffrohr	1	Ø 2 x 10	
9	3. Seilführung	Kunststoffrohr	1	Ø 2 x 10	
10	Anschlag für Höhenleitwerk	Kiefer	1	7 x 7 x 10	
12	Ruderscharnier	Leinen	4	0,2 x 10 x 20	
14	Ruderbegrenzung	Kunststoff	1	Fertigteil	GK 1700
14s	Einstellschrauben	Metall	2	M 2 x 12	GK 1700
15	Ruderhebel	Kunststoff	1	Fertigteil	GK 1700
16	Ruderzug	Gummiring	1	1 x 1 x Ø 80	
17	Ruderzugseil	Perlonschnur	1	Ø 0,3 x 500	
HÖHENLEITWERK-ERGÄNZUNGSTEILE FÜR DIE THERMIKBREMSE UND KURVENSTEUERUNG					
20	Dübel für Thermikbremse	Buche	1	Ø 3 x 35	
21	Verstärkung	Sperrholz	1	0,8 x 8 x 30	
22	Befestigung für HLW	Gummiring	1	1 x 1 x Ø 60	
23	Halterung für Glimmschnur	Gummiring	1	1 x 1 x Ø 10	
24	Glimmschnur		1	Fertigteil	GK 930
25	Anschlagbegrenzung	Perlonschnur	1	Ø 0,3 x 100	
TRAGFLÜGEL					
26	Profilbrett	Balsa	2	10 x 100 x 460	GK 550
27	Nasenleiste	Kiefer	2	3 x 3 x 460	GK 531
28	Flügelauflage	Kiefer	1	2 x 10 x 125	
29	Flügelbeplankung	Sperrholz	1	0,8 x 10 x 130	
30	Befestigungsstift	Metall	2	Schraube Ø 2 x 12	
31	Flügelbefestigung	Gummiring	4	1 x 1 x Ø 30	

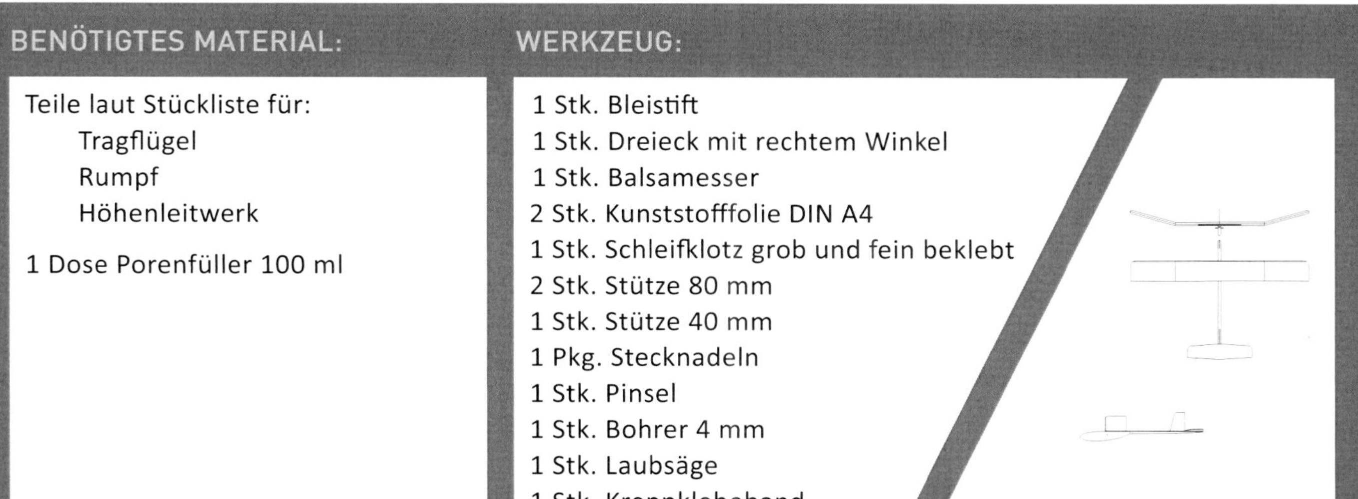

BENÖTIGTES MATERIAL:

Teile laut Stückliste für:
- Tragflügel
- Rumpf
- Höhenleitwerk

1 Dose Porenfüller 100 ml

WERKZEUG:

1 Stk. Bleistift
1 Stk. Dreieck mit rechtem Winkel
1 Stk. Balsamesser
2 Stk. Kunststofffolie DIN A4
1 Stk. Schleifklotz grob und fein beklebt
2 Stk. Stütze 80 mm
1 Stk. Stütze 40 mm
1 Pkg. Stecknadeln
1 Stk. Pinsel
1 Stk. Bohrer 4 mm
1 Stk. Laubsäge
1 Stk. Kreppklebeband

KLEBSTOFF: **Weißleim, Hartkleber**

ZEITAUFWAND: **8–10 Stunden**

ARBEITSVORBEREITUNG

Die Schablonen auf den folgenden Seiten auf dicken Karton kopieren und ausschneiden bzw. aus Sperrholz oder Aluminium herstellen.

Als Ballast kann Walzblei oder Ersatzmaterial für Blei verwendet werden.

Die Tragflächenstützen können ein Stück Holz, Karton oder Schachtel sein.

ARBEITSSCHRITTE IM UNTERRICHT

Da dieses Modell mit einer Kurvensteuerung und Thermikbremse erweitert werden kann, sind die einzelnen Baustufen (Rumpf, Tragflügel, Seitenleitwerk, Höhenleitwerk) einzeln zusammengefasst. Während der Trockenzeit einzelner Bauteile können andere Teile vorbereitet oder ebenfalls verklebt werden.

Die Arbeitsfläche vor den Klebearbeiten mit Kunststofffolie abdecken.

Rumpf Variante 1:
Auf den vorgefertigten Rumpfkopf (3) die Form der Rumpfnase aufzeichnen und ausschneiden.
Achtung! Auf die richtige Lage der Schablone achten.

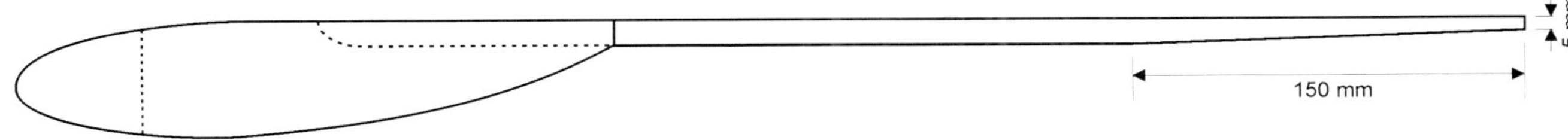

Den Leitwerksträger (2) vorne mit einer Rundung versehen, damit dieser in den Rumpfkopf (3) passt. Am anderen Ende laut Zeichnung abschrägen. Leitwerksträger (2) mit dem Rumpfkopf (3) verkleben.

Rumpf Variante 2:
Auf das 3 mm Balsabrett die drei Rumpfkopfteile (3) aufzeichnen und ausschneiden. Den Leitwerksträger (2) an einem Ende laut Zeichnung abschrägen. Den Leitwerksträger (2) mit dem Mittelteil des Rumpfkopfes auf einen Seitenteil aufkleben. Den zweiten Rumpfkopfteil auf den Mittelteil kleben.

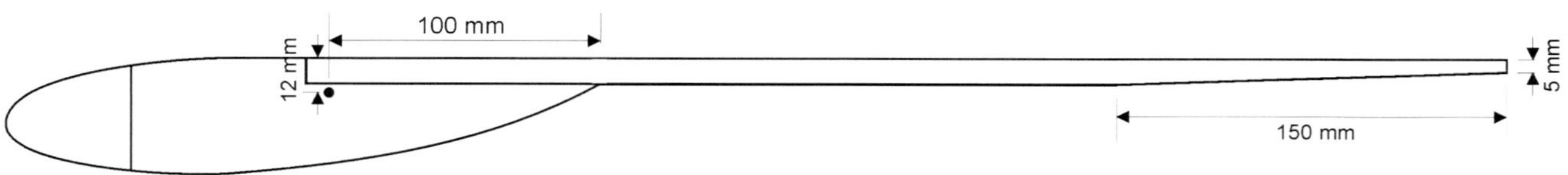

Den Leitwerksträger (1) mittig mit dem Rumpf verkleben, beginnend an der Hinterkante des Leitwerkträgers (2). Loch für den Gummihaltedübel (5) in den Rumpf bohren. Den Ballast (4) an den Rumpfkopf anpassen und den Rumpfkopf abrunden.

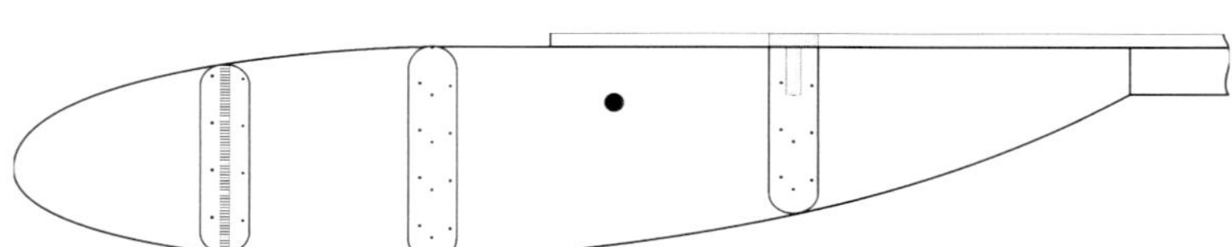

TRAGFLÜGEL

Auf die Profilbretter (Tragflügel 26) kleben wir zuerst die Nasenleiste (27) (**auf die Profilierung achten!**) gegen die Profilvorderkante und fixieren diese mit dem Kreppklebeband. Nach dem Trocknen das leichtere der beiden Profilbretter in zwei Hälften teilen (230 mm). Auf diese zwei „Ohren" wird auf der geraden Unterseite der Randbogen gezeichnet. Am zweiten Profilbrett wird die Mitte auf der Unterseite und Oberseite eingezeichnet.

Achtung! Ein linkes und rechtes Ohr herstellen!

Die aufgezeichnete Form zuschneiden.
Am einfachsten wäre es, das erste kurze Profilbrett (230 mm) zu nehmen, zuzuschneiden und dann beide Hälften mit der Unterseite so zusammenzulegen, dass die Nasenleisten auf derselben Seite sind, die Form der ersten Hälfte auf die zweite Hälfte zu übertragen und das zweite Profilbrett zuzuschneiden. Dadurch entstehen ein linker und ein rechter Flügel.

Dieser Arbeitsschritt ist sehr wichtig und genau durchzuführen!

Der Flügelstoß muss genau abgeschliffen und gut geklebt werden. Wer das nicht beachtet, kann erleben, dass der Flügel gleich bei der ersten Landung in zwei oder mehr Teile zerfällt.

Es werden alle vier Klebeflächen abgeschliffen. Damit ist ein schöner Übergang möglich. Wenn nur die Klebeflächen bei den „Ohren" abgeschliffen werden, entstehen Stufen.

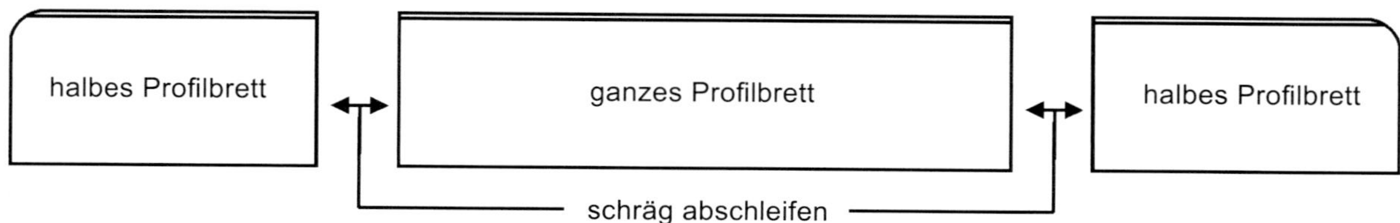

Die Tragflügelteile vom Staub befreien und zusammenkleben. 80 mm Stützen unterstellen.
Auf Stirnseitenverklebung achten.

Da bei diesem Modell die Tragflügel abnehmbar sind, werden noch ein paar Teile in der Mitte aufgeklebt. Die Flügelauflage (28) mittig auf der Unterseite der Tragfläche verkleben. Balsaabfälle als Füllstücke auf der Vorderseite und Rückseite der Flügelauflage (28) verkleben. Einen schönen Übergang zum Profil schleifen. Das Sperrholz (29) als Abdeckung darüberkleben. Schrauben eindrehen, diese dürfen aber unten nicht hervorschauen, gegebenenfalls abschleifen.

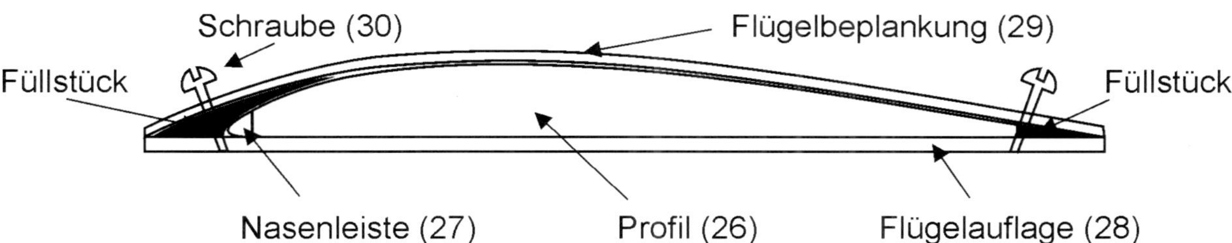

SEITENLEITWERK

Die Form des Seitenleitwerks (11) auf das 1,5 mm Balsaholz übertragen und mit dem Balsamesser ausschneiden. Alle Kanten bis auf die Klebefläche abrunden. Das Seitenleitwerk 75 mm von den Hinterkanten gemessen mit dem Rumpf verkleben. Stützleisten (13) laut Zeichnung abschrägen. Links und rechts vom Seitenleitwerk ankleben.

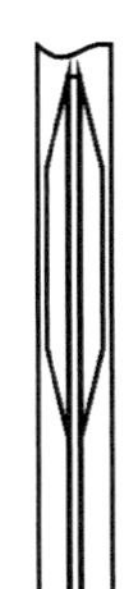

Wenn der Rumpf auf der Seite liegt und das Seitenleitwerk verklebt wird, muss das Seitenleitwerk mit 4,25 mm unterlegt werden. Die 4,25 mm kommen so zustande: Der Rumpf ist 10 mm stark, das Seitenleitwerk hat eine Stärke von 1,5 mm.
10 mm (Rumpfstärke) – 1,5 mm (Seitenleitwerk) = 8,5 mm
8,5 mm : 2 = 4,25 mm

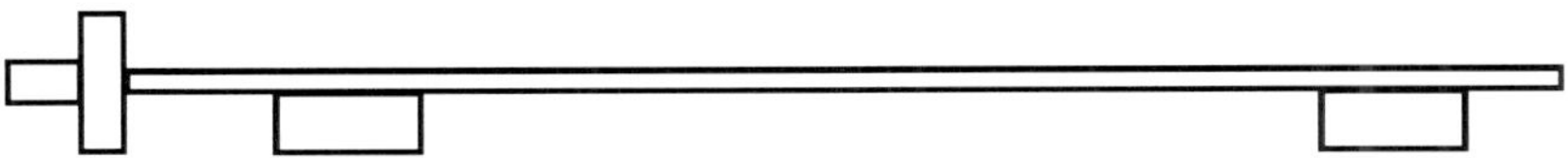

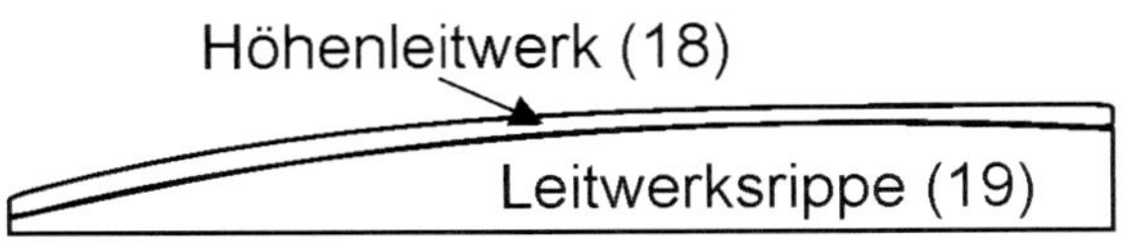

HÖHENLEITWERK

Mittellinie anzeichnen. Die Form des Höhenleitwerks (18) auf das 1,5 mm Balsaholz übertragen und mit dem Balsamesser ausschneiden. Alle Kanten abrunden. Höhenleitwerk mit der Leitwerksrippe (19) verkleben.

Das Höhenleitwerk mit dem Rumpf verkleben. Trocknen lassen und danach den Gummihaltedübel (5) mit dem Rumpf verkleben.

ENDFERTIGUNG

Alle Teile mit dem Porenfüller zwei- bis dreimal bestreichen, zwischen den Anstrichen trocknen lassen und fein abschleifen. Den letzten Anstrich nicht mehr abschleifen.

Tragflächen mit Gummiringen am Rumpf fixieren. Der Ballast wird in der Rumpfnase fixiert, erst nach dem **Einfliegen** mit dem Rumpf verkleben. Der Schwerpunkt für den MAZ-Gleiter liegt bei 45 mm von der Flügelvorderkante gemessen. Das Einfliegen ist ausführlich auf der Seite 19 beschrieben.

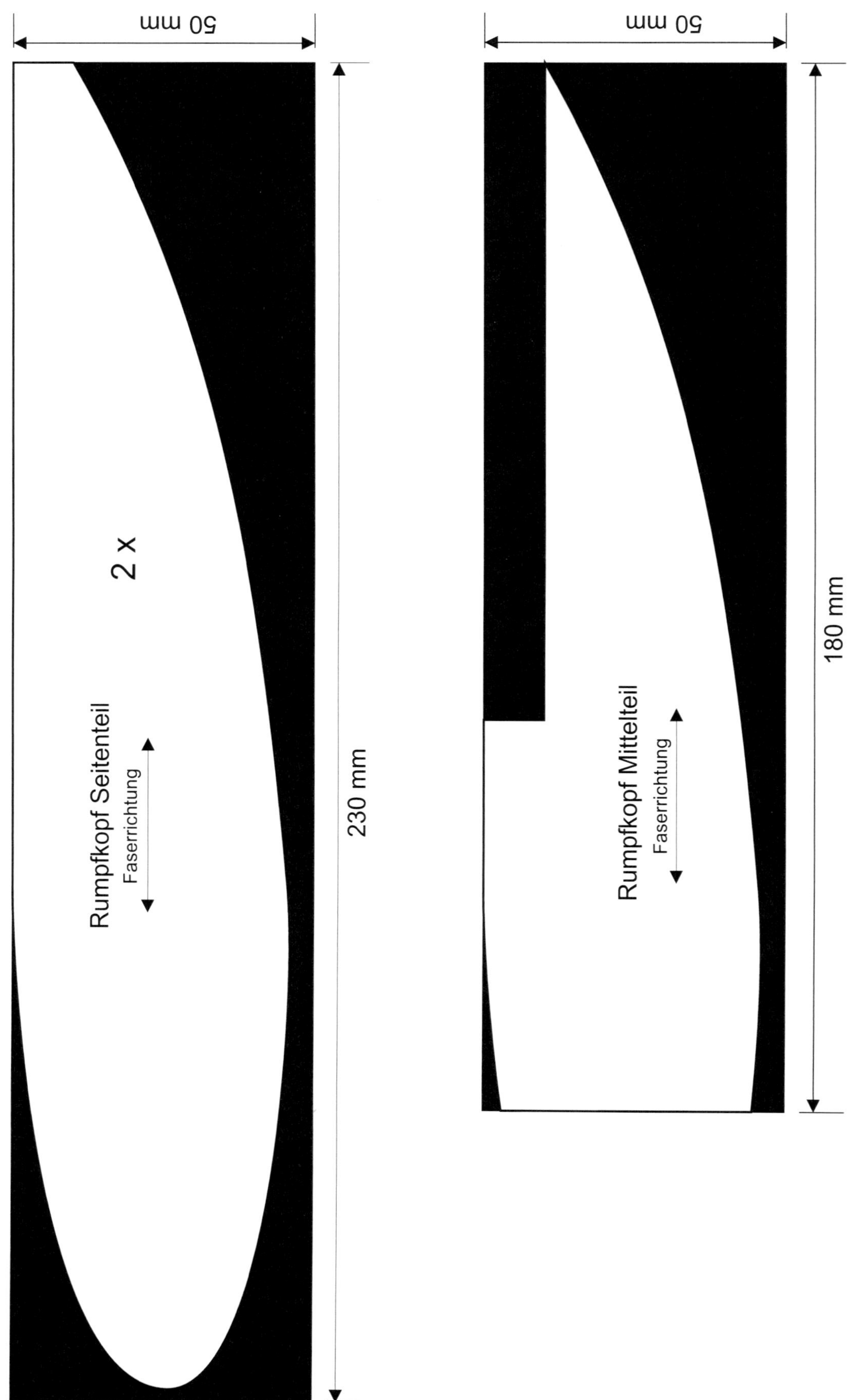
Einzelteile 1
50 mm
2 x
Rumpfkopf Seitenteil
Faserrichtung
230 mm
50 mm
Rumpfkopf Mittelteil
Faserrichtung
180 mm

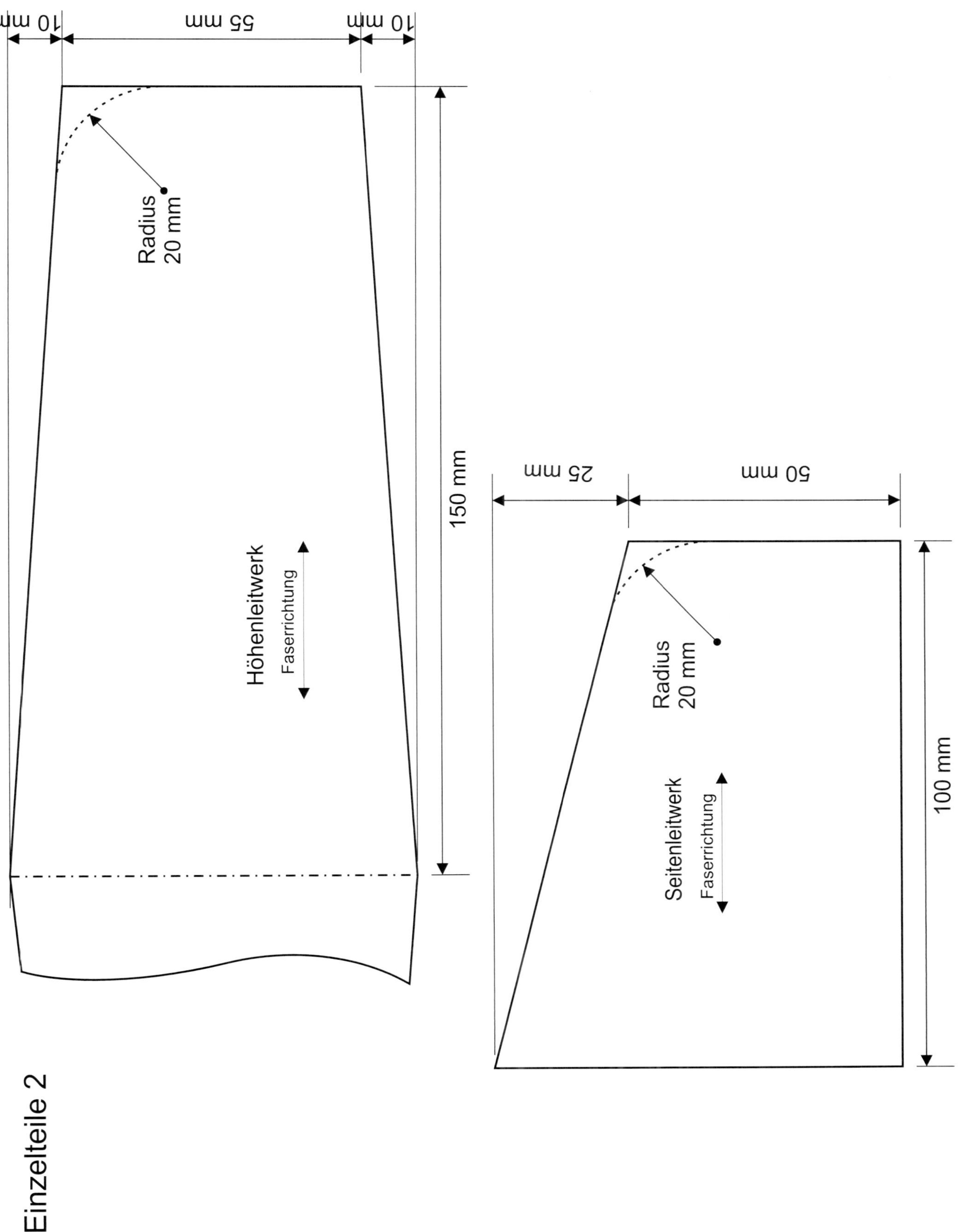
Einzelteile 2
10 mm
55 mm
10 mm
Radius
20 mm
150 mm
Höhenleitwerk
Faserrichtung
25 mm
50 mm
Radius
20 mm
100 mm
Seitenleitwerk
Faserrichtung

Einzelteile 2

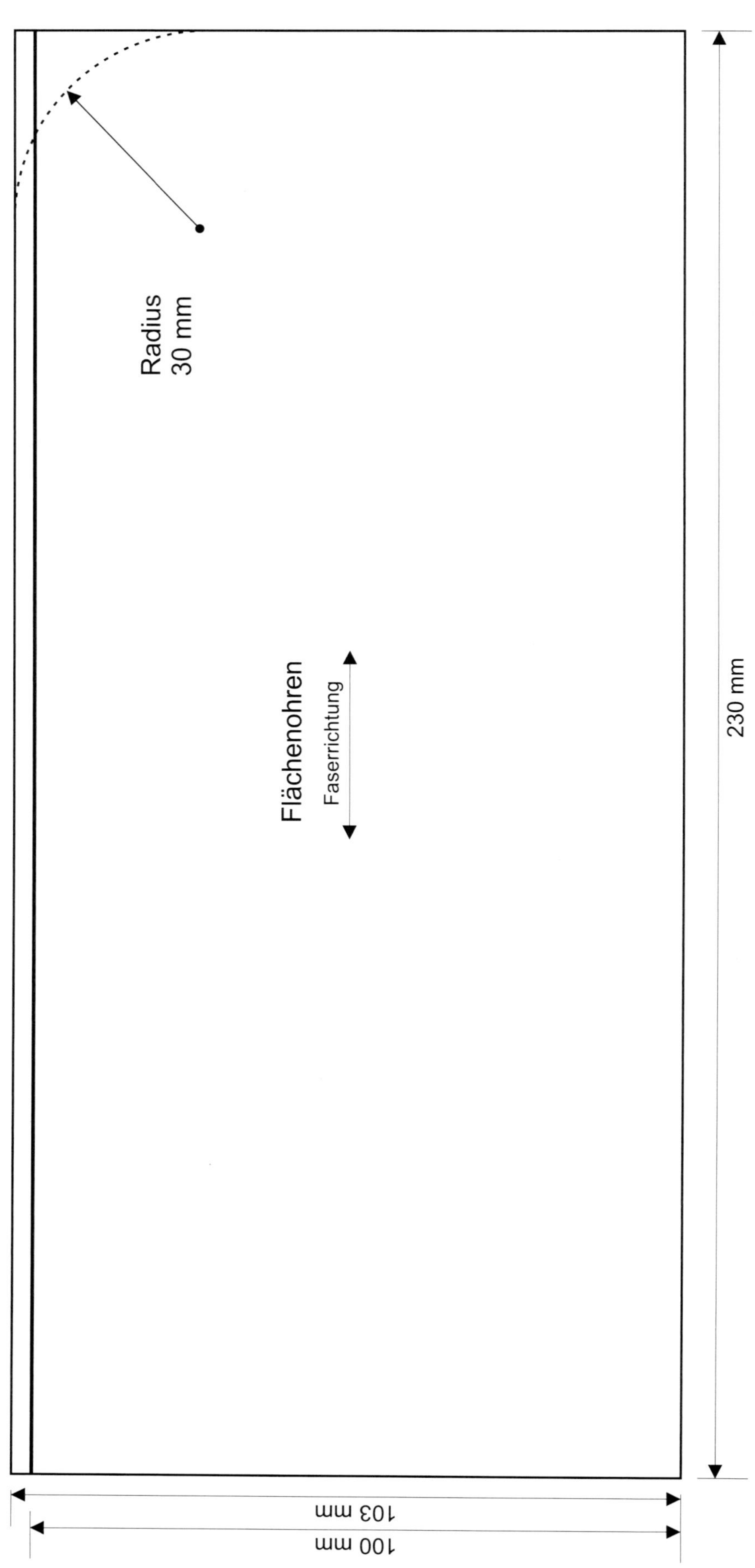

Draufsicht Holzaufteilung

Maßstab 1:2,5

Aufteilung des Balsabrettes 500 x 75 x 1,5 mm

75 mm

500 mm

Aufteilung des Balsabrettes 500 x 100 x 3 mm

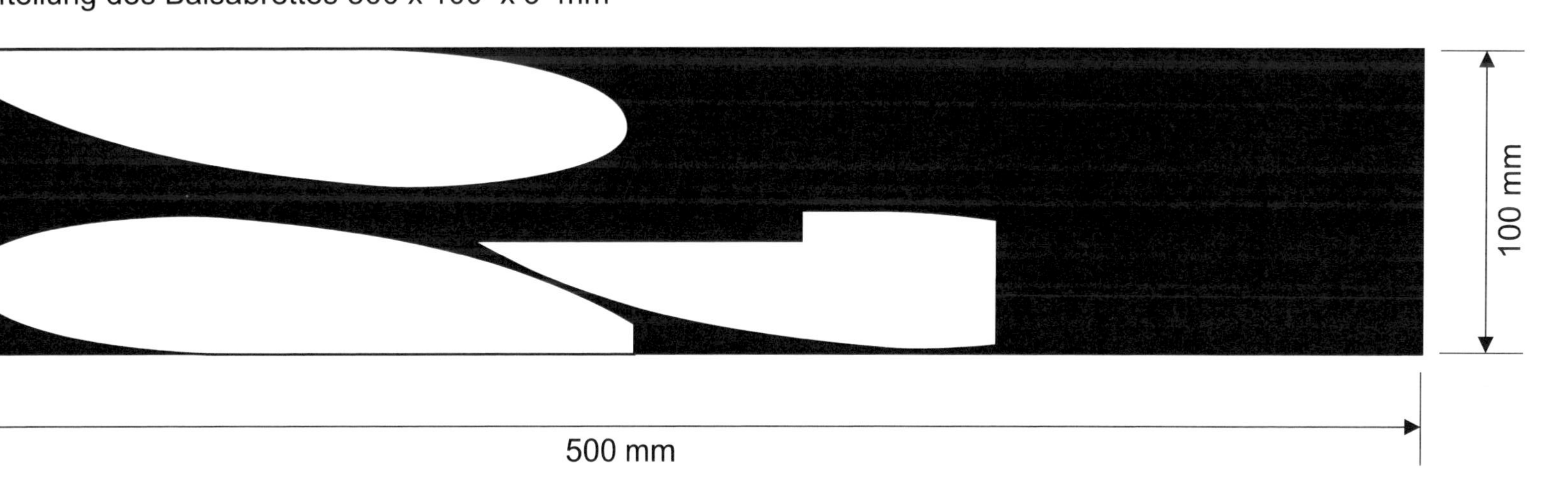

Einzelmaße der Teile auf den vorhergehenden Seiten

■ = Abfall bzw. Rest, der für weitere Teile verwendet werden kann

BENÖTIGTES MATERIAL:

Teile laut Stückliste für:
- Tragflügel
- Rumpf
- Höhenleitwerk

1 Dose Porenfüller 100 ml

WERKZEUG:

1 Stk. Bleistift
1 Stk. Dreieck mit rechtem Winkel
1 Stk. Balsamesser
2 Stk. Kunststofffolie DIN A4
1 Stk. Schleifklotz grob und fein beklebt
2 Stk. Stütze 80 mm
1 Stk. Stütze 40 mm
1 Pkg. Stecknadeln
1 Stk. Pinsel
1 Stk. Bohrer 4 mm
1 Stk. Laubsäge
1 Stk. Kreppklebeband

KLEBSTOFF: **Weißleim, Hartkleber**
ZEITAUFWAND: **8–10 Stunden**

ARBEITSVORBEREITUNG

Dieselbe wie bei der Anleitung MAZ-Gleiter treffen.

ARBEITSSCHRITTE IM UNTERRICHT

Die gravierenden Änderungen sind am Seitenleitwerk und am Rumpf durchzuführen. Am Höhenleitwerk ist wenig zu ändern und an der Tragfläche gibt es gar keine Änderungen.

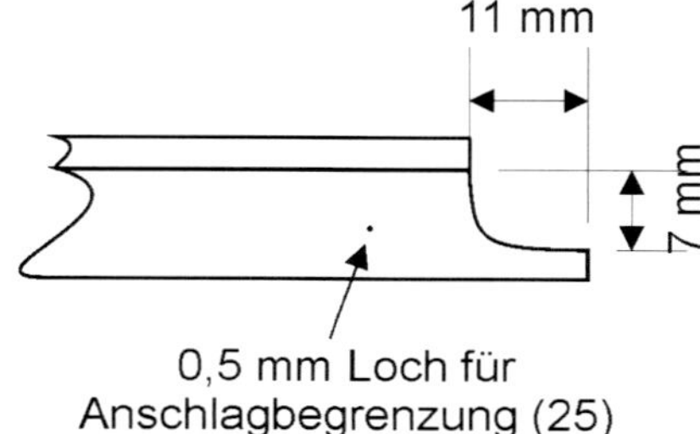

RUMPF

Der Rumpf wird wie in der Anleitung vom MAZ-Gleiter aufgebaut. Nur das Ende des Leitwerksträgers (2) wird anders zugeschnitten. Siehe Zeichnung. Die Rundung kann einfach mit einer Ein-Cent-Münze auf die Leiste (2) gezeichnet werden. Die Leiste (1) wird um 11 mm gekürzt.

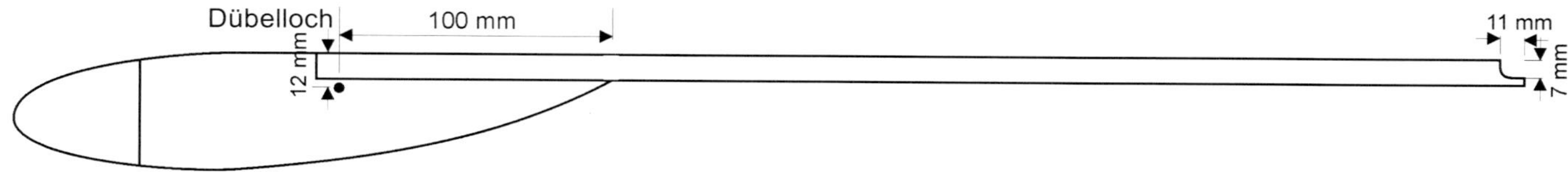

Die Teile (6), (7), (8), (9), (10) und (14) laut Zeichnung auf dem Rumpf verkleben.
Der Abstand zwischen Teil (10) und (14) beträgt 8 mm.

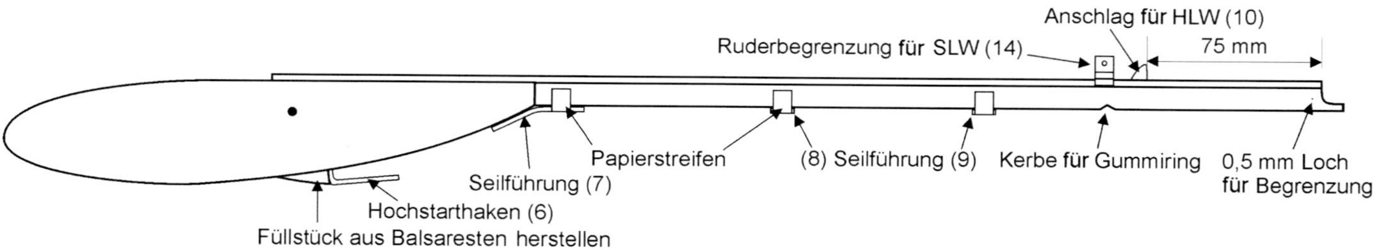

SEITENLEITWERK

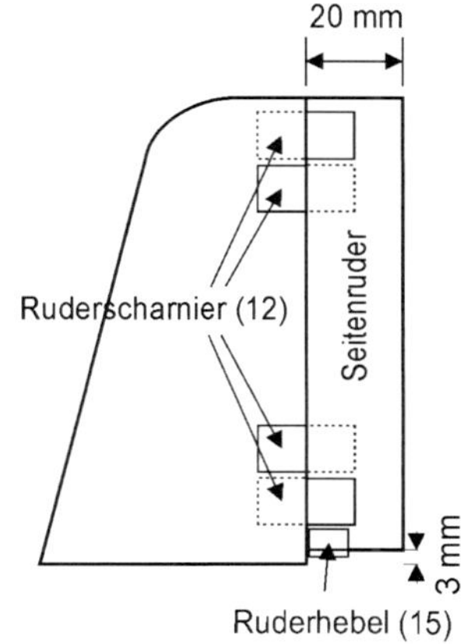

Die Form des Seitenleitwerks (11) ausschneiden. Einen Streifen von 20 mm von der Hinterkante abtrennen. Das Seitenruder um 3 mm kürzen. Alle Kanten bis auf die Klebefläche abrunden. Die Ruderscharnierbänder (12) auf das Seitenleitwerk kleben. Einmal links vorne und dann rechts hinten das zweite Band (12) gegengleich aufkleben.

Stützleisten (13) laut Zeichnung abschrägen und links und rechts vom Seitenleitwerk ankleben. Seitenleitwerk am Rumpf ankleben. Trocknen lassen. Ruderzugseil (17) mit einer Schlaufe versehen und durch die Seilführungen durchziehen und am Ruderhebel (15) anknüpfen. Die Länge sollte so sein, dass das Seitenruder gerade steht, wenn die Schlaufe am Hochstarthaken vorne eingehängt ist. Den Ruderzug (16) zwischen Rumpf und Seitenleitwerk und am Ruderhebel (15) einklemmen. Eine kleine Schlaufe in die Anschlagbegrenzung (25) knüpfen und das andere Ende durch das kleine Loch im Rumpf stecken und verknoten.

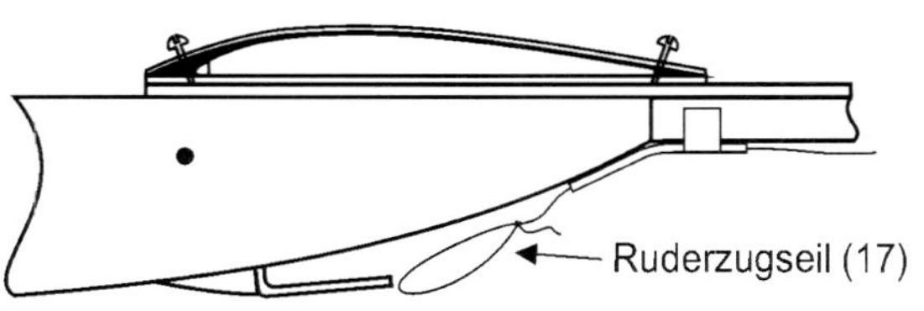

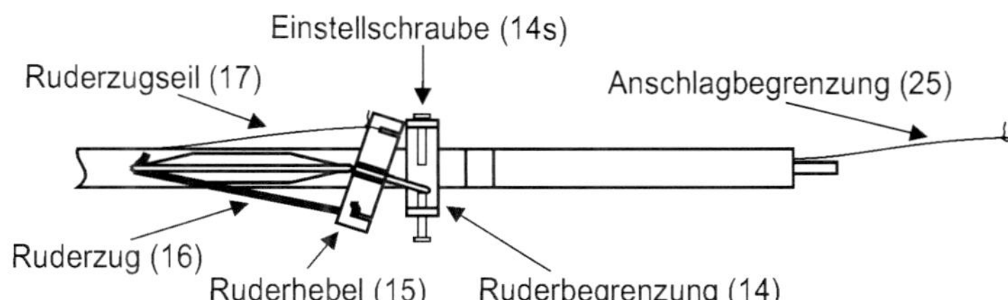

HÖHENLEITWERK

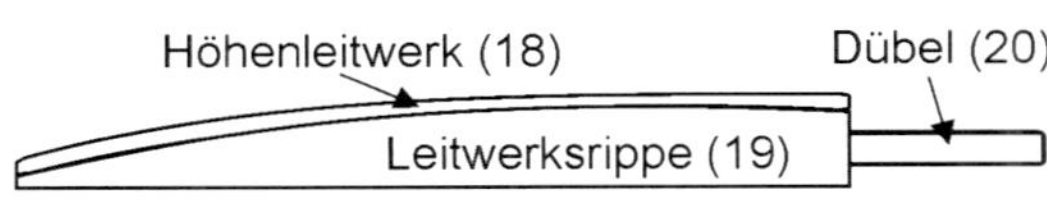

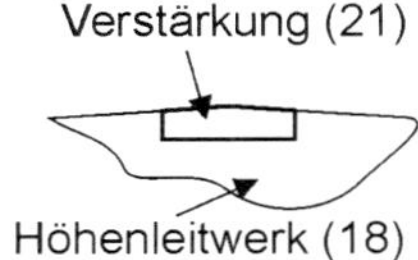

Vor dem Verkleben der Leitwerksrippe (19) mit dem Höhenleitwerk (18) ein 3 mm Loch für den Dübel (20) bohren. Die Verstärkung (21) wird auf die Vorderkante des Höhenleitwerks (18) geklebt. Die Verstärkung (21) soll ein Einschneiden des Gummiringes im Höhenleitwerk verhindern. Die restlichen Arbeitsschritte wie beim MAZ-Gleiter vornehmen (bis auf das Verkleben mit dem Rumpf, das entfällt bei dieser Version). Den Dübel (20) einkleben. Die Anschlagbegrenzung am Dübel vom Höhenleitwerk einhängen. Das Höhenleitwerk wird als Thermikbremse aufgestellt.

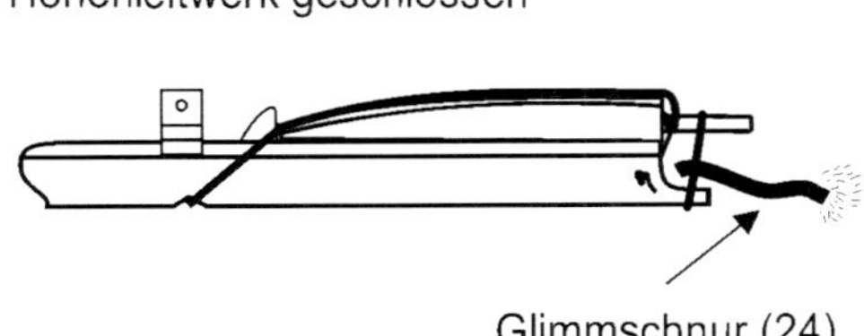

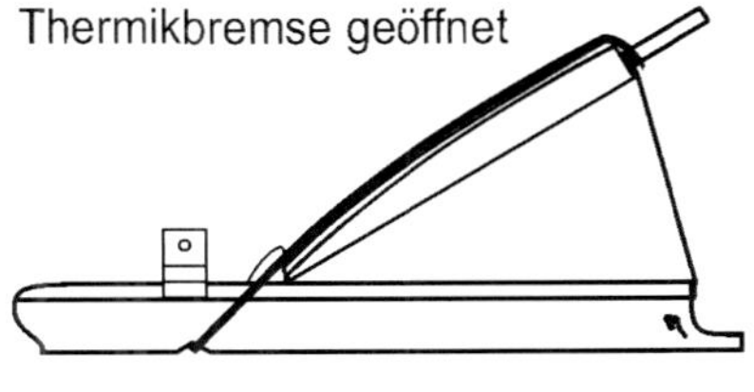

Tragflächenbau, Endfertigung, Einfliegen: Siehe Anleitung für MAZ-Gleiter.

ZWECK DER THERMIKBREMSE

Die Thermikbremse dient dazu, dass ein Freiflugmodell sicher am Boden landet. Das Segelflugzeug wird mit einem Seilhochstart auf eine Ausgangshöhe gebracht. Durch die Kurvensteuerung zieht das Modell in der Luft seine Kreise. Die Sonneneinstrahlung erzeugt Warmluftfelder. Die aufsteigende warme Luft wird Thermik genannt. Wenn das Modell in so einen Thermikschlauch kommt, steigt es auf und könnte davonfliegen. Mit der Thermikbremse wird das Modell in einen Sackflug gebracht. Damit soll verhindert werden, dass das Modell abhandenkommt. Es gibt zwei Methoden, die Thermikbremse auszulösen. Einmal gibt es die einfache und günstige Variante mit einer Glimmschnur, die zweite Methode ist, mit einem kleinen mechanischen Timer (ähnlich einer Eieruhr aus der Küche) das Höhenleitwerk auszulösen.

Die Glimmschnur ist eine speziell präparierte Baumwollschnur, die kurz vor dem Hochstart eines Modells angezündet wird. Die Schnur sollte langsam bis zum Ende glimmen und den Gummiring durchbrennen. Dadurch schnellt das Höhenleitwerk in die Höhe. Die Begrenzungsschnur hält das Höhenleitwerk auf Position.

DER HOCHSTART

Die Segelflugmodelle können mit einer Hochstartschnur (meistens eine Nylonschnur mit einer Stärke von 0,5–0,7 mm; Länge von 20 oder 50 m je nach Platzgröße) gestartet werden. Ein Ring und eine Fahne werden an einem Ende der Hochstartschnur befestigt. Die Fahne dient dazu, die dünne Schnur im Gras leichter wiederzufinden. Am anderen Ende einen Griff (Spule) befestigen. Der Ring wird am Hochstarthaken eingehängt. Der Pilot nimmt den Griff, der Helfer das Modell und hält das Modell mit der Nase leicht nach oben gegen den Wind. Wenn beide bereit sind, das Modell zu starten, läuft der Pilot los und der Helfer gibt das Modell frei. Das Segelflugmodell steigt wie ein Drachen in die Luft, bis die Leine mehr oder weniger senkrecht ist. Dann wird die Leine vom Haken gezogen und das Modell geht in seinen eingestellten Kreisflug über.

Gummihubschrauber

ab der achten Klasse

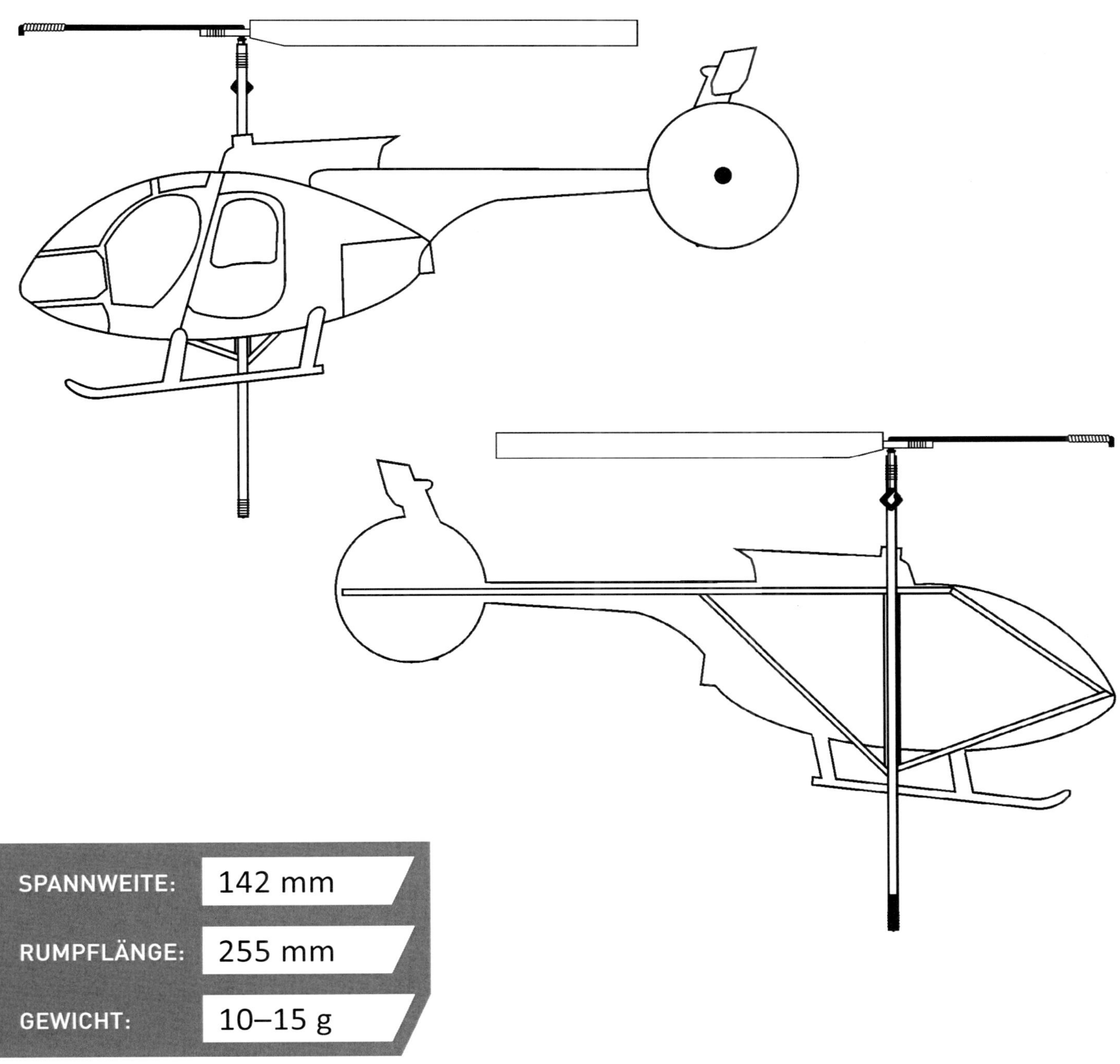

SPANNWEITE:	142 mm
RUMPFLÄNGE:	255 mm
GEWICHT:	10–15 g

BENÖTIGTES MATERIAL:	WERKZEUG:
1 Stk. Balsaleiste hart 2 x 5 x 600 mm	1 Stk. Bleistift
1 Stk. Balsaleiste 5 x 5 x 70 mm	1 Stk. Dreieck mit rechtem Winkel
1 Stk. Balsaleiste hart 3 x 5 x 24 mm	1 Stk. Balsamesser
1 Stk. Balsabrett hart 3 x 22 x 130 mm	2 Stk. Kunststofffolie DIN A4
1 Stk. Stahldraht 0,8 x 130 mm	1 Stk. Spitzzange
3 Stk. Gummiring Ø 60 mm	1 Stk. Schleifklotz grob und fein beklebt
10 cm Zwirn	1 Stk. Laubsäge/Pucksäge/Feinsäge
Aluminiumrohr Ø 2 x 17 mm	1 Stk. Bohrer 0,8 mm
Perle	
Lötzinn 100 mm	

BENÖTIGTES MATERIAL PRO HELLING:

1 Stk. Holzbrett 19 x 100 x 260 mm
1 Stk. Balsaleiste hart 3 x 5 x 240 mm
1 Stk. Klebefolie ca. 100 x 140 mm

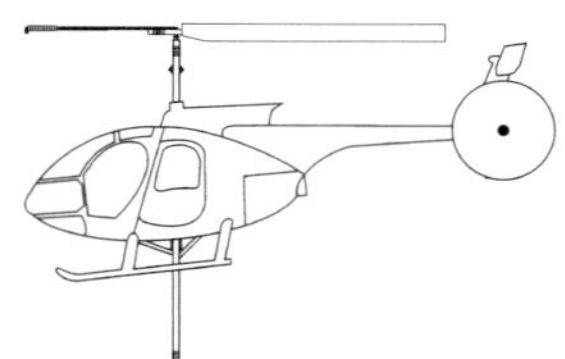

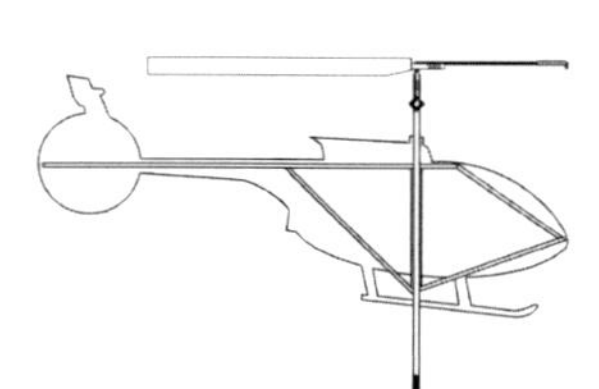

KLEBSTOFF: **Weißleim, Hartkleber**
ZEITAUFWAND: **6–8 Stunden**

ARBEITSVORBEREITUNG

Die Vorlage für den Hubschrauberrumpf für jeden Schüler kopieren.

ARBEITSSCHRITTE IM UNTERRICHT

Als Erstes sollte die Helling (Klebehilfe) laut Vorlage hergestellt werden. Die Folie bei den Klebepunkten nicht vergessen.

Die fünf Balsaleisten (2 x 5 x 200/87/78/62 mm, 5 x 5 x 60 mm) für den Rumpf mit 1–3 mm Übermaß zuschneiden. Die längste Leiste in die Helling stecken, die restlichen Leisten passend schräg abschleifen und mit den in der Helling befindlichen Leisten laut Vorlage verkleben. Die Klebestellen auf der Innenseite mit einer Klebstoffmuffe versehen. Trocknen lassen.

Für die Motorleiste benötigen wir zwei harte Balsaleisten (2 x 5 x 15/160 mm). Diese Leisten werden mit der Säge zugeschnitten. Das Luftschraubenlager (Alurohr) am Rumpf verkleben und mit Zwirn umwickeln, anschließend die Wicklung gut mit dem Hartkleber einreiben.

Den hinteren Gummihaken aus dem 0,8 mm starken Stahldraht laut Vorlage biegen und ebenfalls mit dem Hartkleber und Zwirn am Ende des Motorstabes verkleben.

Ein schwieriger Punkt kommt jetzt an die Reihe. Das Rotorblatt (Balsaholz 22 x 130 x 3 mm) mit einem Profil versehen. Das erfolgt durch Abschleifen. Die Vorderkante wird oben und unten abgerundet. Vom vorderen ersten Drittel des Rotorblattes bis zur Hinterkante wird eine Schräge auf das Rotorblatt geschliffen.

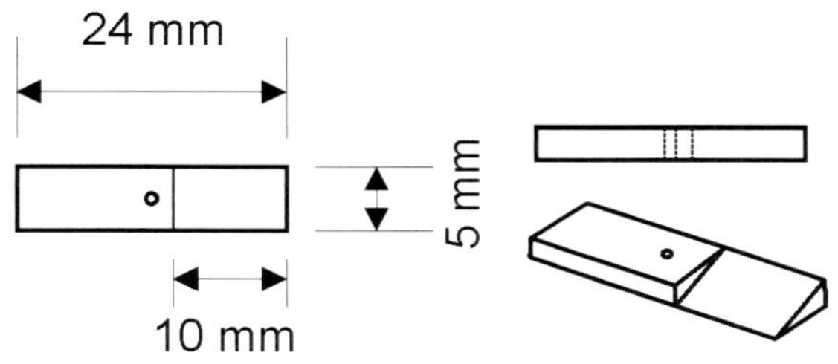

Der „Rotorkopf“ wird aus der Balsaleiste 3 x 5 x 24 mm hergestellt. Zuerst die Schräge schleifen und danach das 0,8 mm Loch in die Mitte der Leiste bohren. Danach kann das fertig geschliffene Rotorblatt auf die Schräge des Rotorkopfs aufgeklebt werden.
Achtung! Die Rotorblattnase muss nach oben angestellt sein.

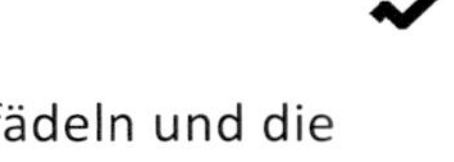

Die Rotorwelle 0,8 x 110 mm laut Vorlage biegen.

Die Rotorwelle von hinten durch das Wellenlager auf die Motorleiste schieben, die Perle auffädeln und die Kombination aus Rotorkopf und Rotorblatt aufstecken. Die Rotorwelle um 90 Grad abwinkeln und mit dem Hartkleber und Zwirn mit dem Rotorkopf verkleben. Das Ende der Rotorwelle nochmals um 90 Grad nach unten biegen. Das Lötzinn wird als Gegengewicht zum Rotorblatt um den Stahldraht gewickelt.

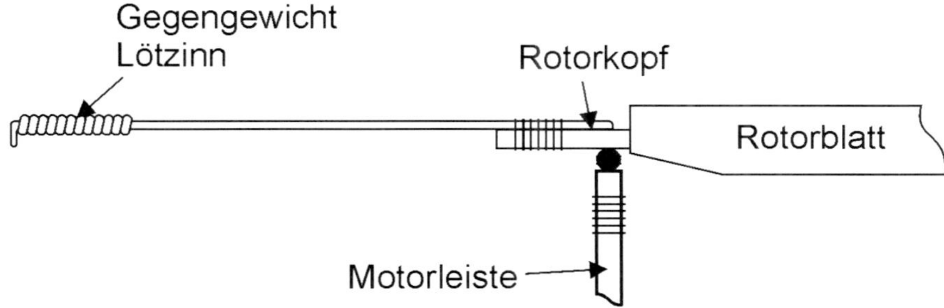

Um einen stabil aufsteigenden Hubschrauber zu erhalten, ist das Auswuchten des Rotors die **wichtigste** Arbeit bei diesem Modell. Dazu wird die Motorleiste liegend am Tisch fixiert, damit der Rotor frei drehen kann. Es muss so lange Gegengewicht dazugegeben bzw. weggenommen werden, bis der Rotor in jeder Lage stehen bleibt. Vor dieser Arbeit sollte noch der ausgeschnittene Rumpf des Hubschraubers mit dem Rumpfgerippe aus Balsaholz verklebt werden. Wenn der Rotor ausgewuchtet ist, kann probehalber Gummi eingehängt werden und mit ein paar Umdrehungen der Rotor aufgezogen werden. Läuft alles perfekt, kann die Motorleiste mit dem Rumpf verklebt werden.

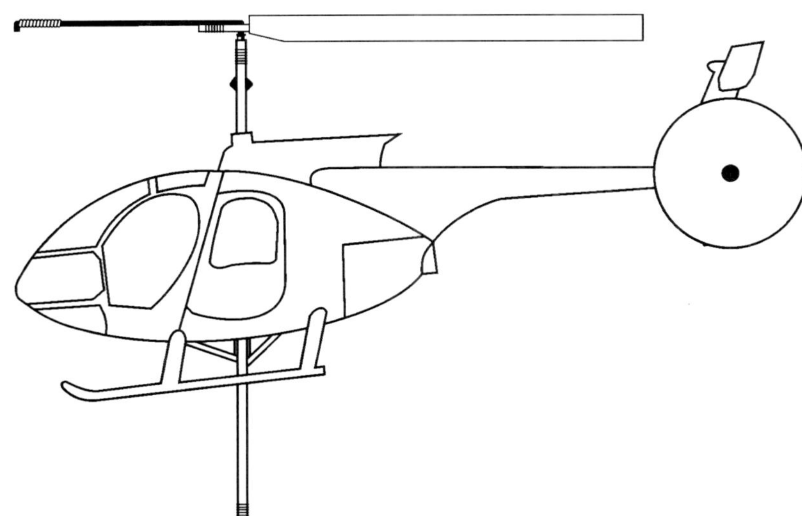

Helling

1 Leisten 3 x 5 x 20 mm
2 Klebefolie

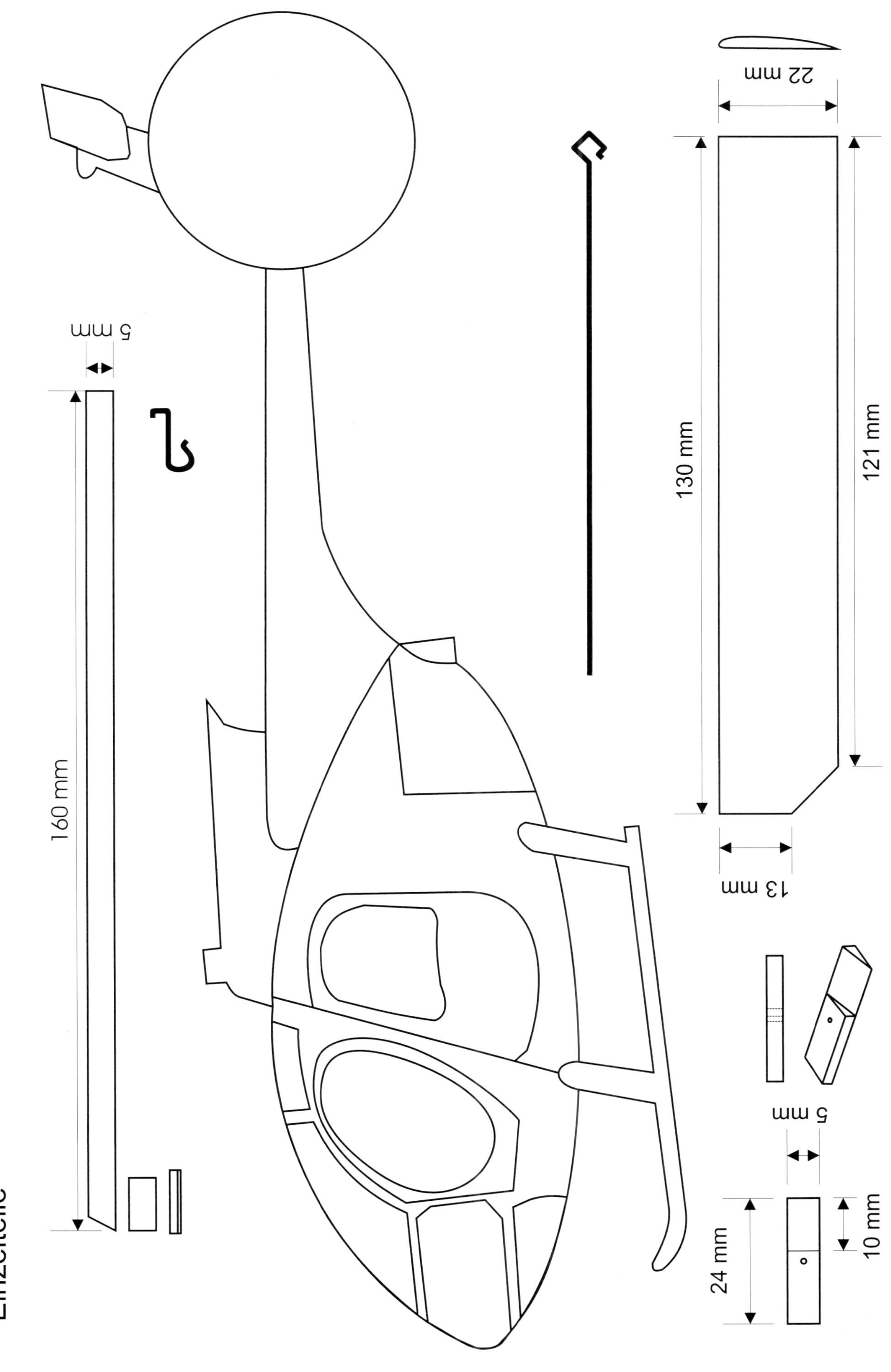
Einzelteile
160 mm
5 mm
22 mm
130 mm
121 mm
13 mm
5 mm
24 mm
10 mm

BENÖTIGTES MATERIAL:	WERKZEUG:
3 m Schnur oder Spagat 1 Bg. Packpapier 2 Stk. rohes Ei 2 Stk. Luftballon 4 Stk. Strohhalm 1 Rolle Klebeband 19 mm	1 Stk. Bleistift 1 Stk. Schere 1 Stk. Lineal

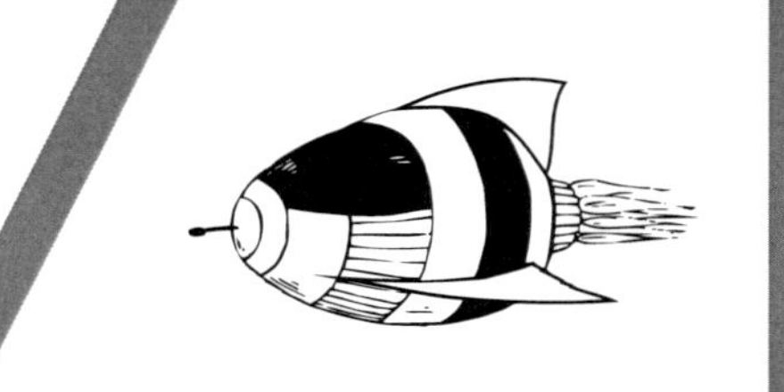

KLEBSTOFF: **Klebeband**

ZEITAUFWAND: **1 Stunde + 1 Stunde für Auswertung und Nachbesprechung**

DIE AUFGABE

In diesem Experiment sollen die Schüler mit den angeführten Materialien die rohen Eier so schützen, dass das Ei einen Wurf bzw. Flug aus dem dritten Stock ohne Schaden überlebt.

ARBEITSSCHRITTE IM UNTERRICHT

Die Klasse in mehrere Gruppen zu mindestens drei Schülern einteilen. Ein Schüler pro Gruppe sollte das Projekt dokumentieren.

Die Schüler haben nun ca. 25 Minuten Zeit, um sich eine Lösung zu überlegen und umzusetzen.

Die Gruppen aufteilen. Ein Teil wirft ihr Modell aus dem dritten Stock und die anderen beobachten das Flugverhalten des Flugeis vom Boden aus. Dabei könnte man noch Aufzeichnungen machen, welche Idee am längsten in der Luft bleibt.

Nchdem diese Flugversuche sicherlich zu manchem beschädigten Flugei geführt haben, soll jedes Team für die Reinigung des Landeplatzes zuständig sein.

Projektnachbesprechung und Auswertung der Aufzeichnungen vornehmen.

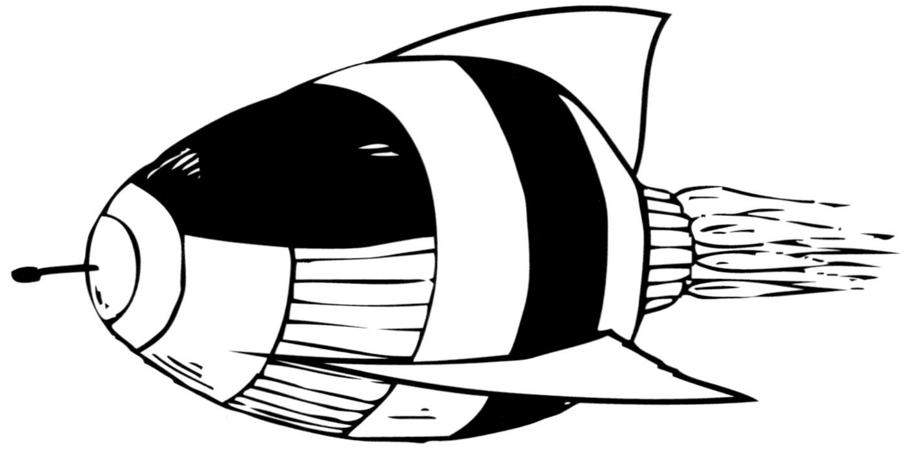

BENÖTIGTES MATERIAL:	WERKZEUG:
1 Stk. Nylonfolie ca. 600 x 450 mm (Plastiksack, Baufolie etc.) 1 Rolle Klebeband 19 mm 22 m Schnur, dicker Zwirn 1 Stk. Sperrholz 3 x 100 x 200 mm 1 Stk. Plastilin/Knetmasse diverse Farben für den Fallschirmspringer	1 Stk. Filzstift 1 Stk. Schere 1 Stk. Karton 540 x 200 mm 1 Stk. Bohrer 3 mm 1 Stk. Laubsäge diverse Pinsel

KLEBSTOFF: **Klebeband**
ZEITAUFWAND: **2 Stunden**

ARBEITSVORBEREITUNG

Die Vorlagen des Fallschirmspringers auf dicken Karton kopieren und ausschneiden bzw. aus Sperrholz oder Aluminium herstellen.

ARBEITSSCHRITTE IM UNTERRICHT

Die Vorlage des Fallschirmspringers auf das Sperrholz übertragen und aussägen. Die Vorderseite bemalen. Während die Farben trocknen, mit dem Ausschneiden des Fallschirms beginnen. Zuerst wird die Folie auf 600 x 450 mm zugeschnitten, danach wie in der folgenden Abbildung gefaltet und die Folie in Form geschnitten.

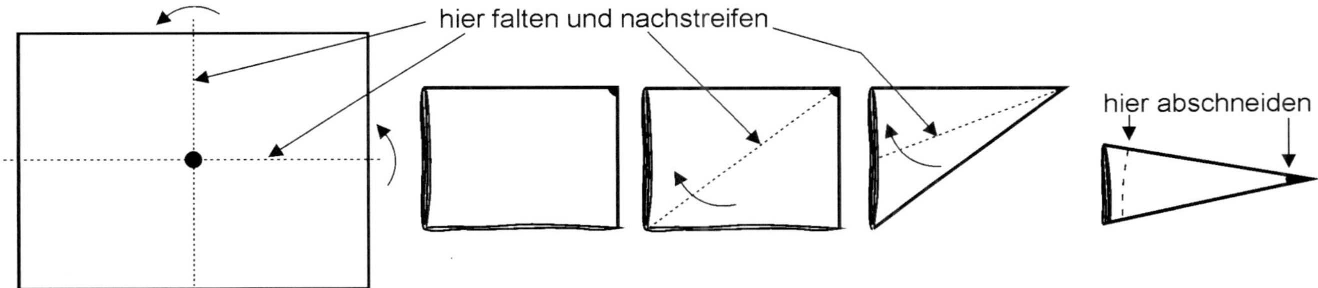

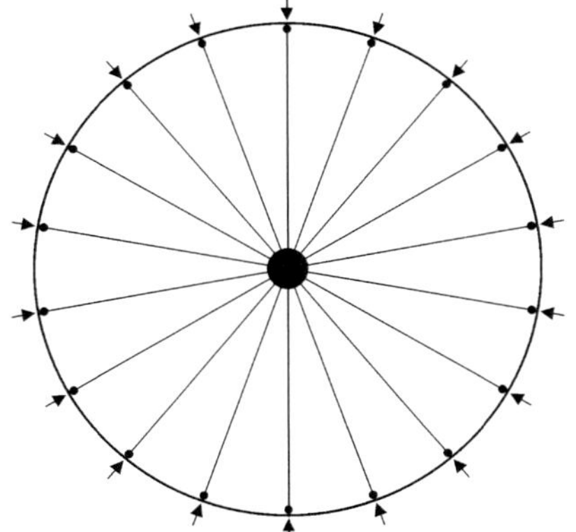

Die Leinenbefestigungspunkte markieren.

Die Rückseite des Fallschirmspringers bemalen.

Die Schnur auf den Karton 540 x 200 mm 18-mal aufwickeln und auf einer Seite durchschneiden (ergibt 18 Schnüre mit 1080 mm Länge).

Den Fallschirm mit der Oberseite nach unten auf den Arbeitstisch legen. 18 gleich lange Streifen vom Klebeband abschneiden und an die markierten Punkte am Schirm mit der Klebefläche nach oben auf die Oberseite des Fallschirms (siehe Bild) kleben. Eine Schirmleine mittig auf das Klebeband auflegen, das Band umknicken und auf die Unterseite des Fallschirms kleben. Mit allen Punkten wiederholen.

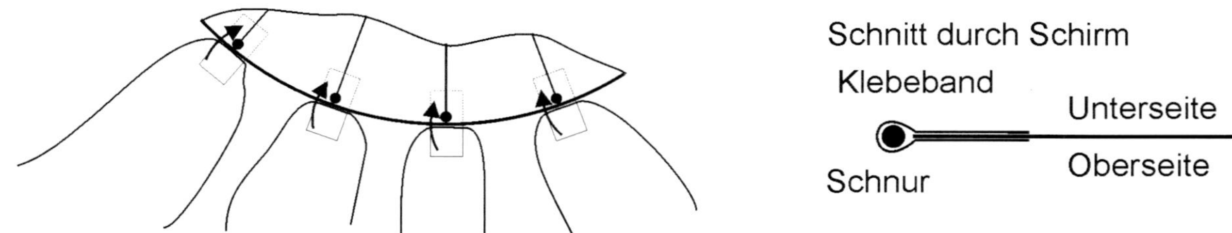

Die Hälfte der Schirmleinen mit der linken Hand des Fallschirmspringers und die andere Hälfte mit der rechten Hand verkleben. Es kann auch ein Loch in die Hand gebohrt werden und die Leinen können einfach an der Hand verknotet werden.

Die ersten Gleitversuche können durchgeführt werden. Falls es notwendig sein sollte, die Knetmasse als Zusatzgewicht an den Füßen des Fallschirmspringers anbringen.

Die Idee stammt von Hr. Hämmerich. Diese wurde von mir adaptiert und durch den Springer ergänzt.

BENÖTIGTES MATERIAL:	WERKZEUG:
12 Stk. Seidenpapier hell und dunkel	1 Stk. Dreieck
1 Bg. Packpapier ca. 900 x 1200 mm	1 Stk. Schere
2 m Eisendraht 1 mm	1 Stk. Spitzzange
1 Stk. Konservendose	1 Stk. Beißzange
1 Rolle Zwirn	1 Stk. Stecknadel
1 Stk. Teelicht	1 Stk. Filzstift sehr dünn
1 Stk. Bindedraht	2 Stk. Nylonfolie 500 x 1000 mm
	1 Stk. Leiste 2 x 5 x 1000 mm als Kurvenlineal

KLEBSTOFF: **Alleskleber**

ZEITAUFWAND: **3 Stunden**

ARBEITSSCHRITTE IM UNTERRICHT

Da dieser Ballon relativ groß wird, sollte dies als Gruppenarbeit ausgeführt werden. Wenn viel Platz in der Werkstatt vorhanden ist, kann jeder Schüler seinen eigenen Heißluftballon bauen.

Die Ballonhülle besteht aus 6 Bahnen mit einer Länge von 1025 mm und einer Breite von 337 mm. Die Seidenpapierbogen sind in der Regel 500 x 700 mm. Da aber eine Bahn 337 x 1025 mm sein muss, ist je ein heller und dunkler Bogen mit der Schmalseite aneinanderzukleben. Es können auch kleinere Bogen zusammengeklebt werden, dadurch entsteht ein anderes Muster.

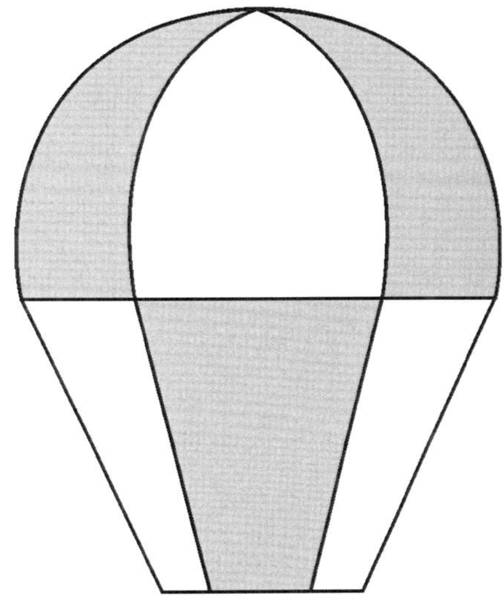

Während der Trockenzeit kann die Schablone für die einzelnen Bahnen aus dem Packpapier hergestellt werden. Dazu wird das Packpapier einmal in der Mitte gefaltet und die Maße laut Plan mit dem Dreieck bzw. Maßband übertragen. Mit der Leiste werden die Punkte verbunden und mit dem Stift die Kontur auf das Packpapier übertragen. Nun wird das Packpapier wieder aufgefaltet und auf einer Hälfte entlang der Linie ausgeschnitten. Auf der anderen Hälfte wird eine Klebelasche von 7 mm benötigt. Dazu legen wir das Packpapier wieder zusammen und zeichnen die neue Kontur auf, wieder ausschneiden. Damit ist die Schablone fertig. Nun werden die fertigen Ballonbahnen übereinandergelegt. Einmal hell, einmal dunkel, damit wird ein Schachbrettmuster auf der Hülle erzeugt. Wenn nicht gewechselt wird, ist der Ballon auf der oberen Hälfte hell oder dunkel. Auf diesen Stoß wird die geöffnete Schablone mit der Biegekante nach oben gelegt und mit Stecknadeln fixiert. Die Bahnen entlang der Schablone ausschneiden. Dann wird alles zur Hälfte umgebogen, Orientierung gibt es an der Biegekante der Schablone. Auf eine scharfe Kante achten. Die Stecknadeln entfernen und die einzelnen Bahnen auseinandernehmen.

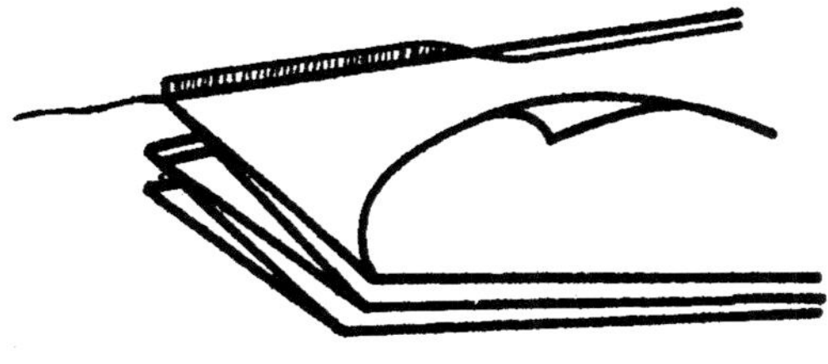

Der erste gefaltete Teil wird mit dem überstehenden Falz oben auf die Arbeitfläche gelegt. Damit die einzelnen Klebestellen nicht mit der Unterseite verkleben, wird das Nylon dazwischengelegt. Auf die erste Bahn wird ebenso die zweite gelegt. Der überstehende Teil (Falz) der ersten Bahn wird nun über die schmälere Hälfte der zweiten Bahn gebogen. In diese Biegekante wird der Zwirn eingelegt und schrittweise wird der Falz mit der zweiten Bahn verklebt. Sparsam mit dem Klebstoff arbeiten. Nach dem Kleben die Bahnhälften öffnen und die Klebestelle gut trocknen lassen. So wird Stück für Stück miteinander verbunden, bis die letzte Bahn verklebt ist. Nun wird die schmale Seite der ersten Bahn nach oben gebogen und mit der letzten Bahn wie bei den vorangegangenen Klebestellen verklebt. Die Hülle ist nun fast fertig. Zur Versteifung der Hülle wird aus dem Draht ein Ring mit einem Durchmesser von 280 mm gebogen und mit der Einfüllöffnung verklebt.

Der Brenner kann nach der Zeichnung leicht angefertigt werden. Die zwei Teile werden aus dem Draht gebogen und im rechten Winkel zusammengesteckt. Damit der Brenner nicht auseinanderfällt, sollten die zwei Teile in der Mitte mit Bindedraht umwickelt werden. Die leere und vom Boden befreite Konservendose wird als Kaminrohr über das Drahtgestell gestülpt.

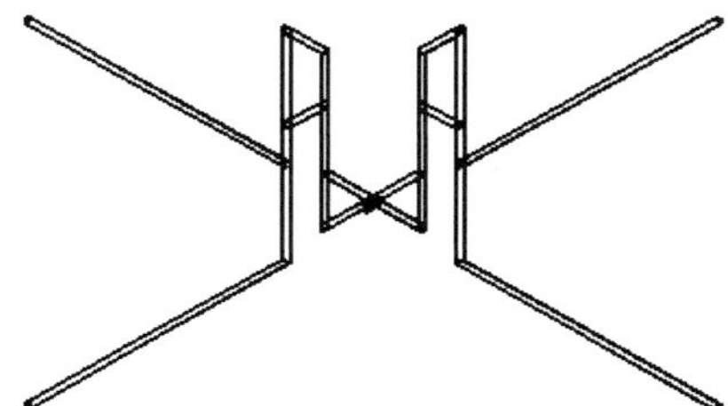

Wenn der Ballon in einem geschlossenen Raum ausprobiert werden soll, wäre ein Heißluftgebläse zum Aufheizen der Luft aus sicherheitstechnischen Gründen am sinnvollsten. An einem kühlen, windstillen Tag auf einem großen freien Platz kann der erste Freiluftstart vonstattengehen. Da mit einer offenen Flamme geheizt wird, muss mit der größten Sorgfalt gearbeitet werden. **Brandgefahr!** Den Brenner mit einem Teelicht oder einer anderen Wärmequelle (Trockenspiritus, mit Spiritus getränkte Watte etc.) ausrüsten und anzünden. Das Kaminrohr darüberstülpen.

Die Ballonhülle vorsichtig über den Brenner stülpen und darauf achten, dass die Hülle nicht Feuer fängt. Jetzt muss nur mehr gewartet werden, bis die Luft im Ballon so erwärmt ist, dass der Ballon aufsteigt. Damit wäre der Ballon für die erste Fahrt bereit.

Wenn der Brenner mit einem Kaminrohr aus Aluminiumfolie versehen wird, kann der Brenner fix mit dem Ballon verbunden werden und mit auf die Reise geschickt werden.

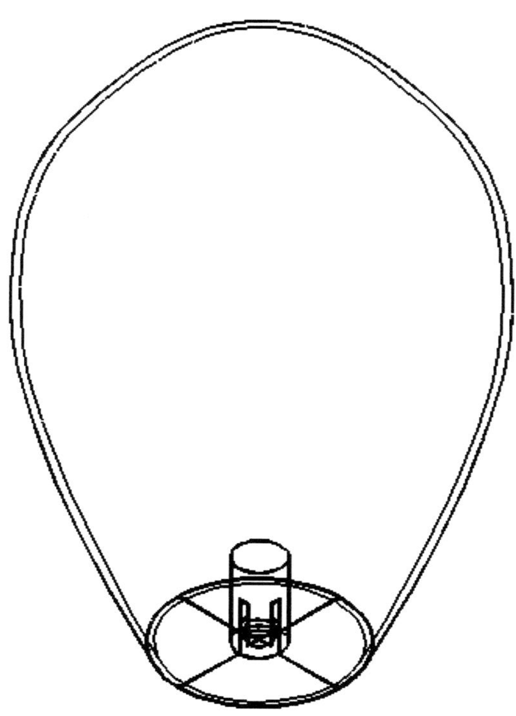

Schablone für die Seidenpapierbahnen herstellen

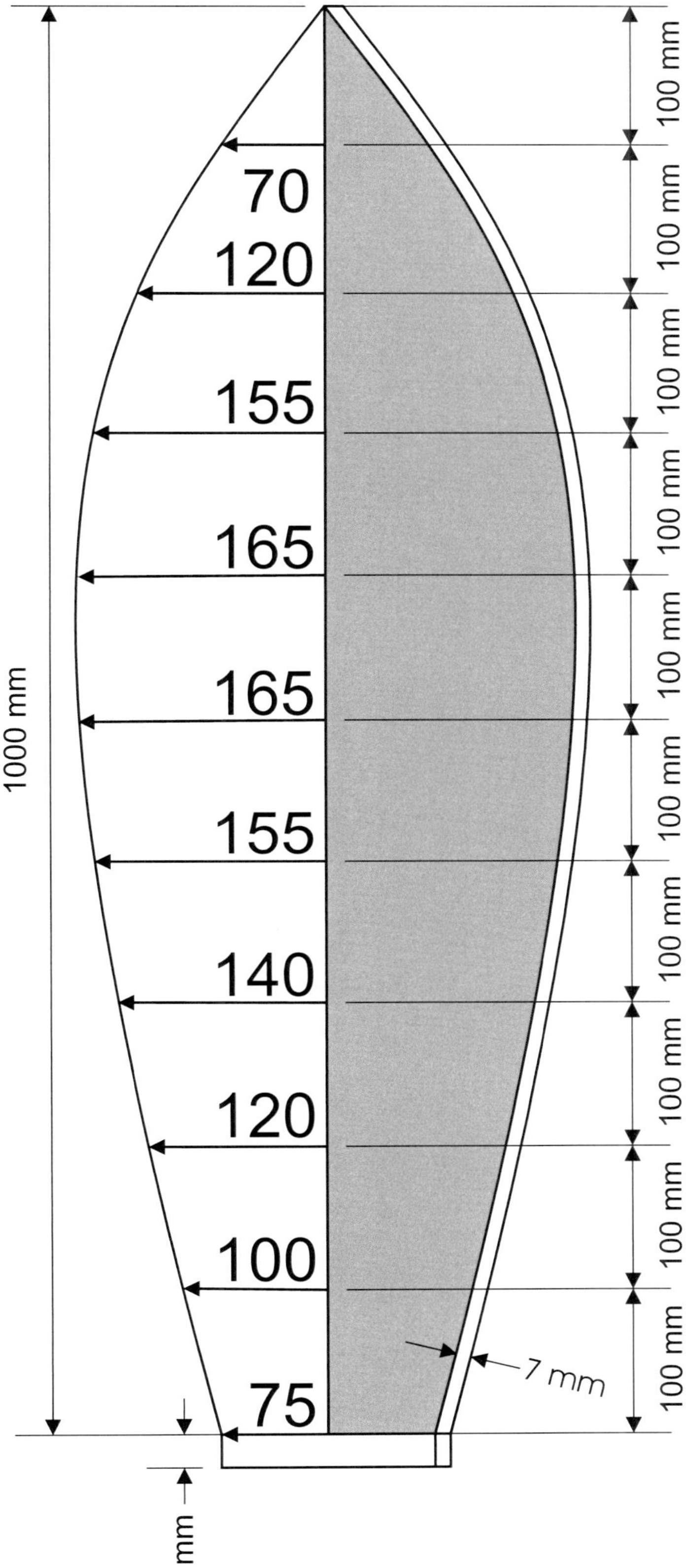

1000 mm

70
120
155
165
165
155
140
120
100
75

100 mm

7 mm

25 mm

Brennerhalterung

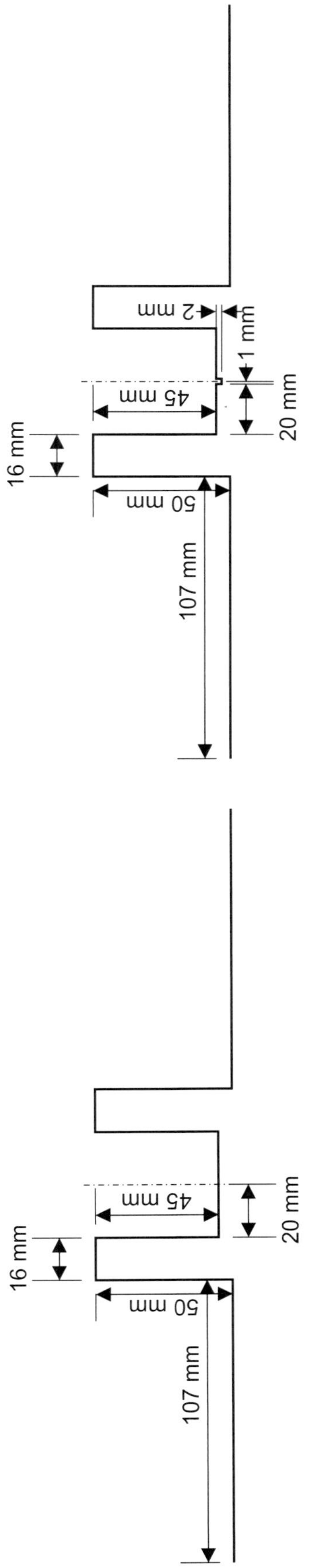

2 mm
1 mm
45 mm
20 mm
16 mm
50 mm
107 mm

45 mm
20 mm
16 mm
50 mm
107 mm

Arbeitsblatt 1: Welche Flugkörper unterscheidet man?

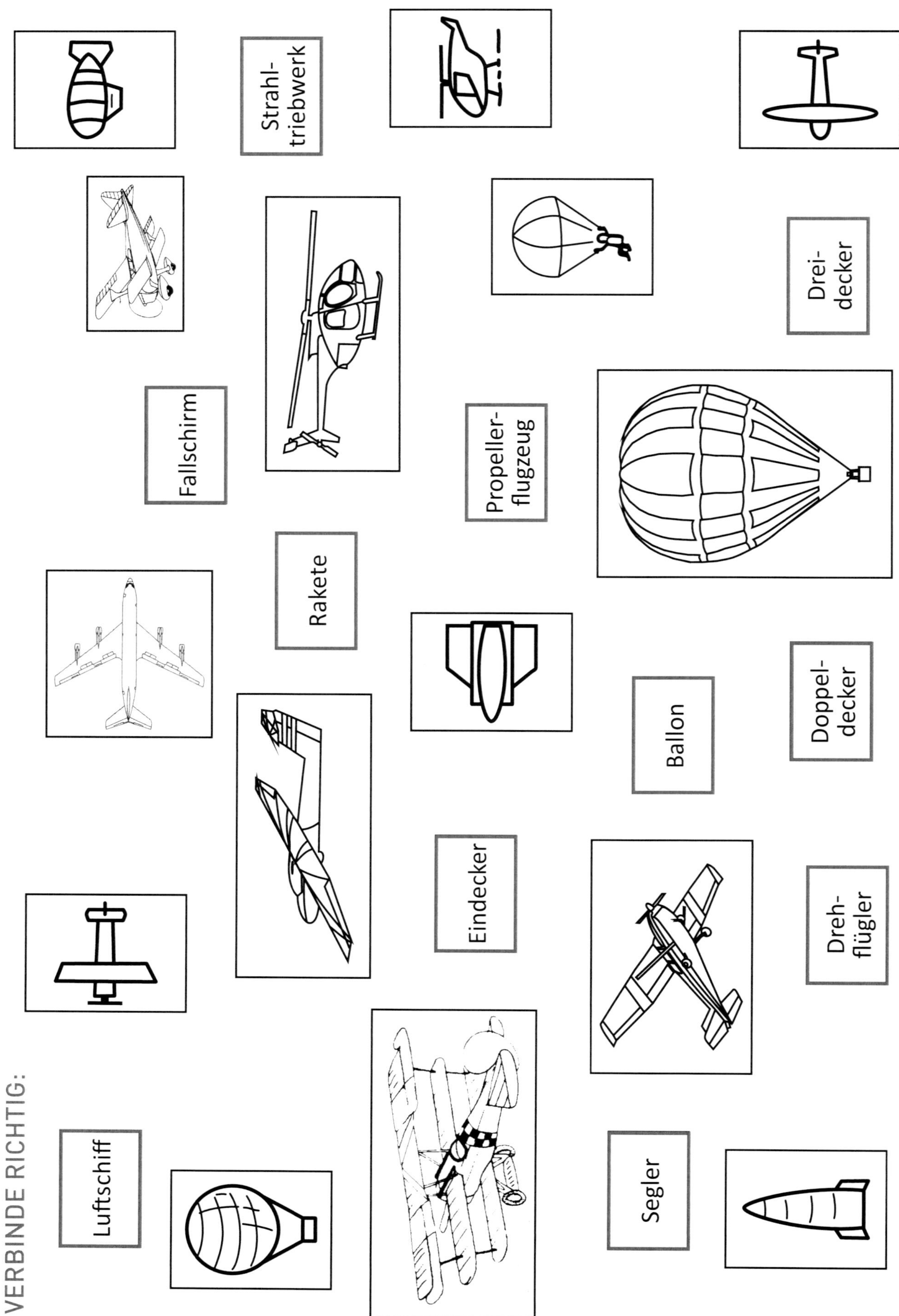

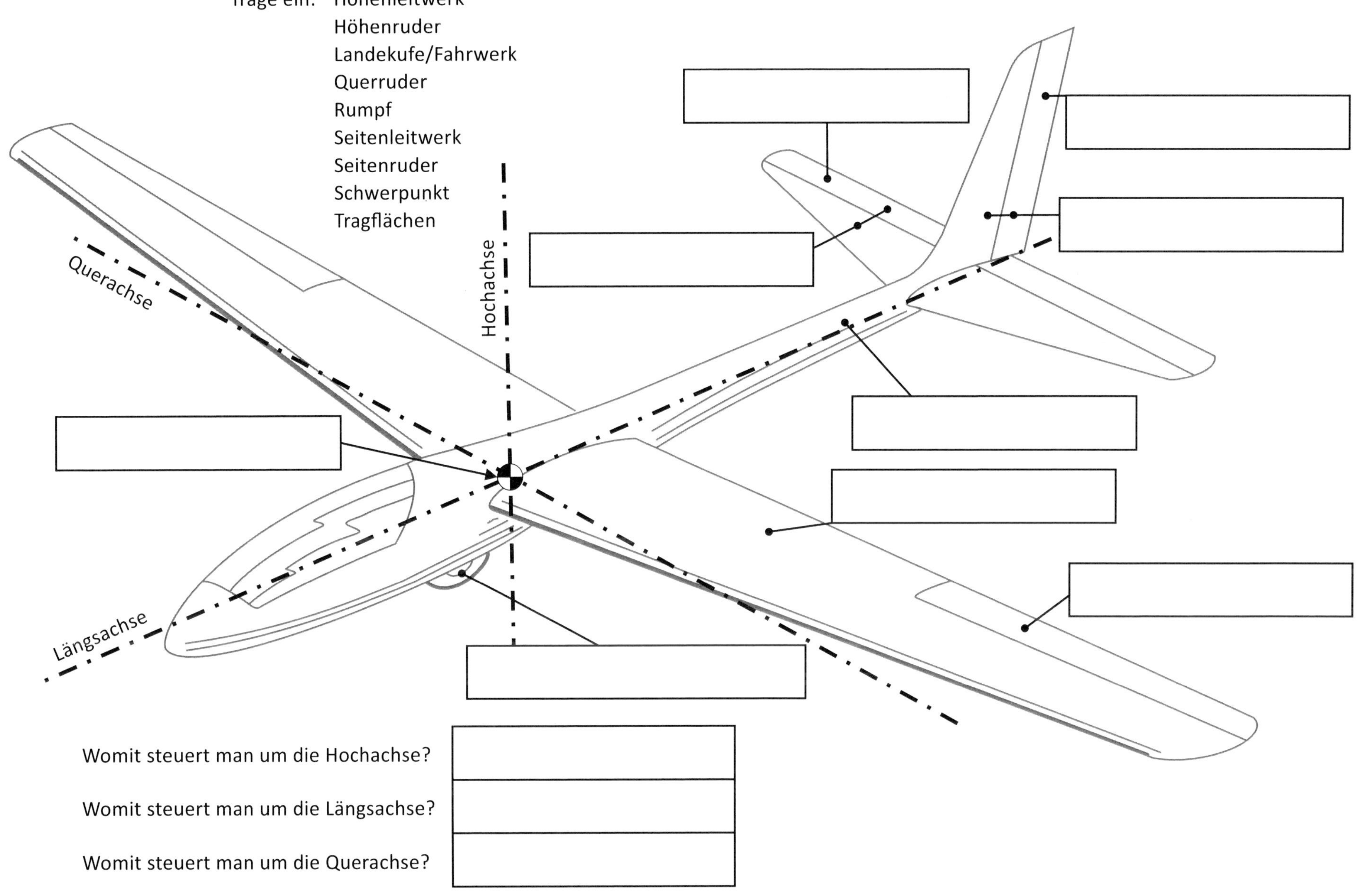
Trage ein:
Höhenleitwerk
Höhenruder
Landekufe/Fahrwerk
Querruder
Rumpf
Seitenleitwerk
Seitenruder
Schwerpunkt
Tragflächen
Hochachse
Querachse
Längsachse
Womit steuert man um die Hochachse?
Womit steuert man um die Längsachse?
Womit steuert man um die Querachse?

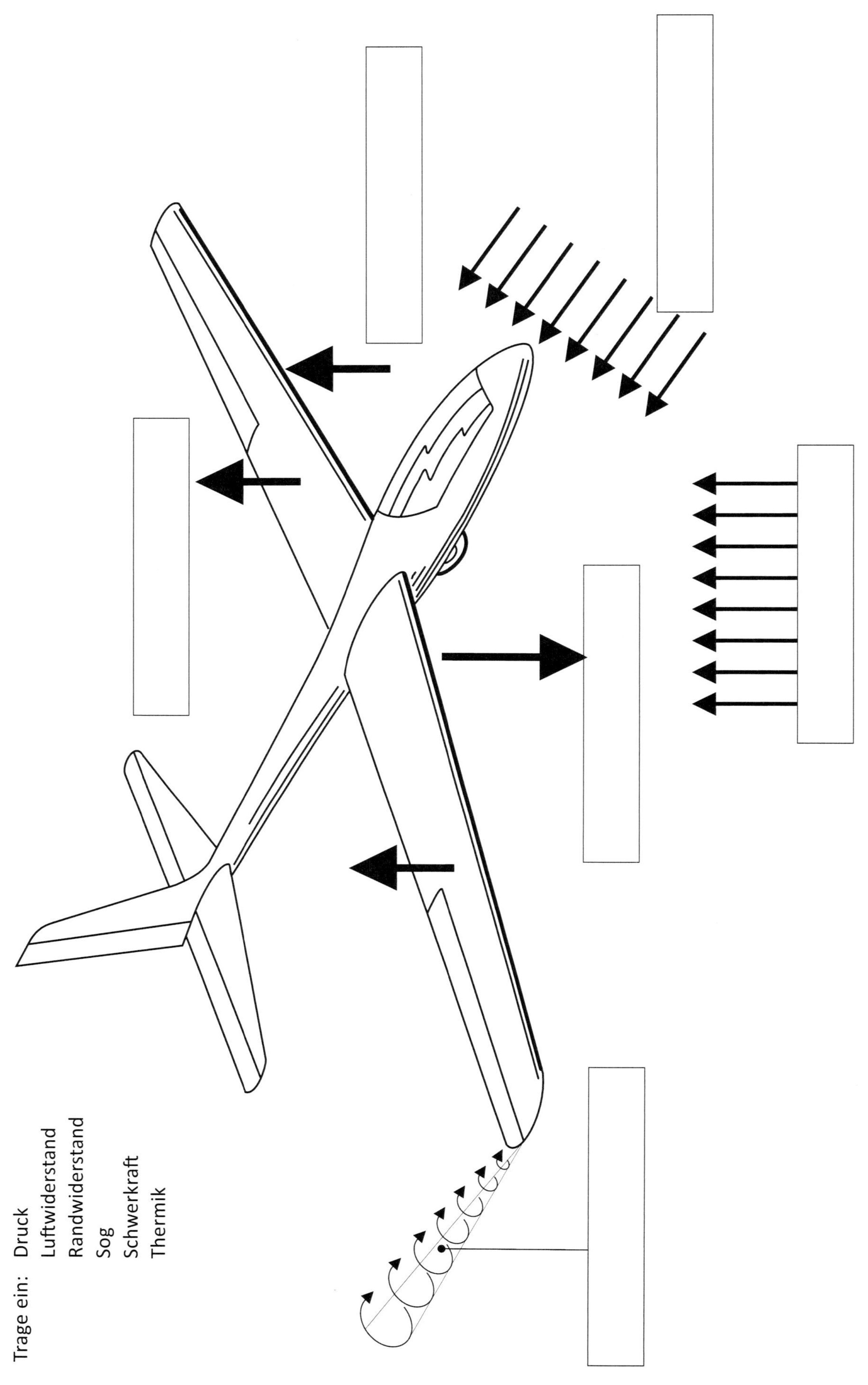
Trage ein:
Druck
Luftwiderstand
Randwiderstand
Sog
Schwerkraft
Thermik

Fülle aus: Rechteck, Trapez, Ellipse, Rechteck und Trapez, Rechteck und Ellipse, gepfeilte Tragfächen, V-Leitwerk, Kreuzleitwerk, T-Leitwerk

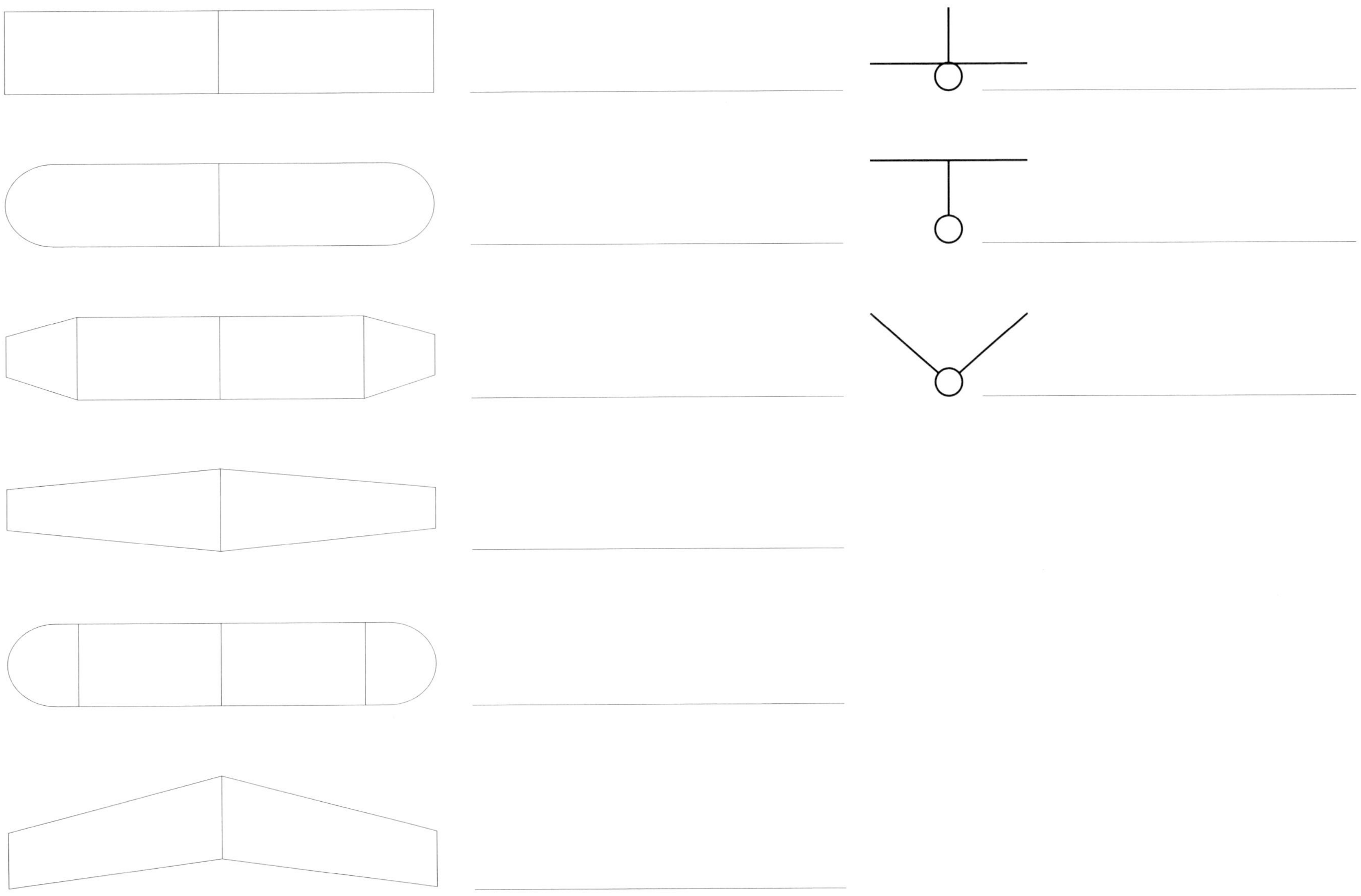

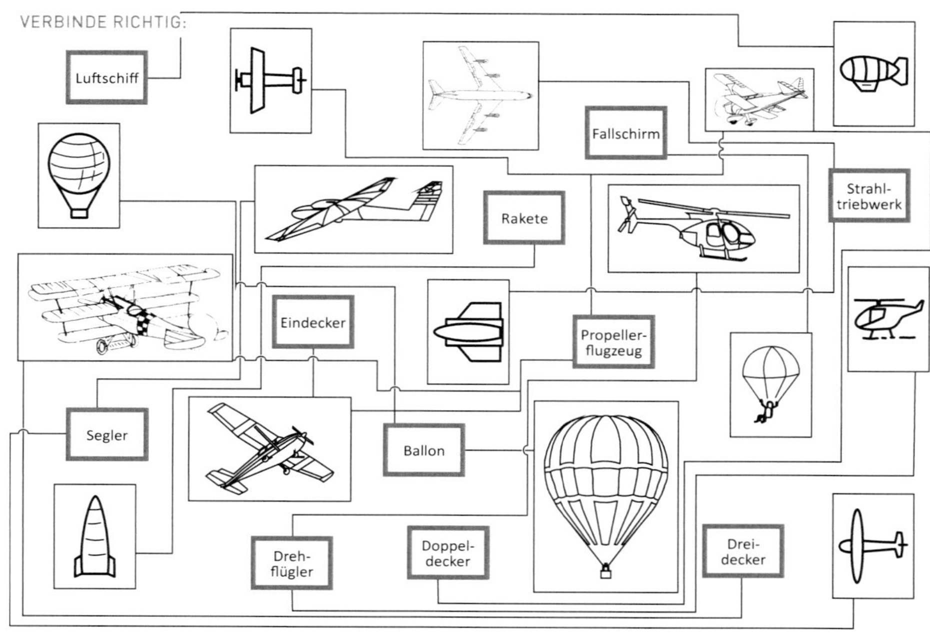

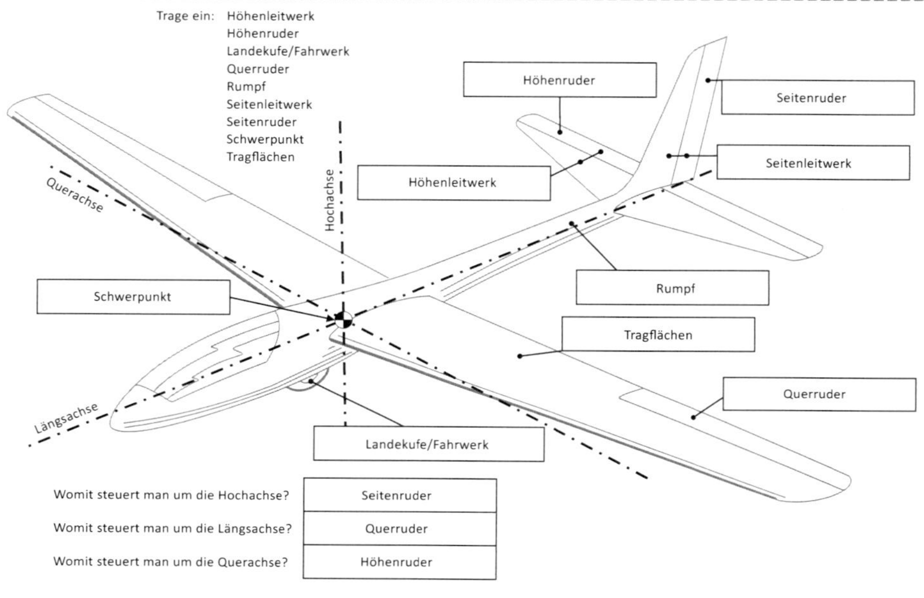

Womit steuert man um die Hochachse?	Seitenruder
Womit steuert man um die Längsachse?	Querruder
Womit steuert man um die Querachse?	Höhenruder

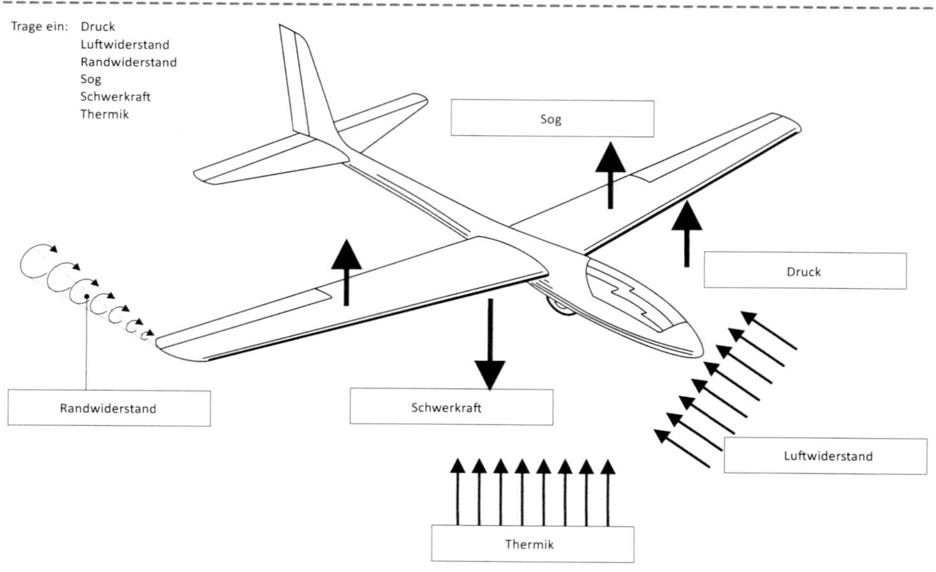

Fü lle aus: Rechteck, Trapez, Ellipse, Rechteck und Trapez, Rechteck und Ellipse, gepfeilte Tragfächen, V-Leitwerk, Kreuzleitwerk, T-Leitwerk

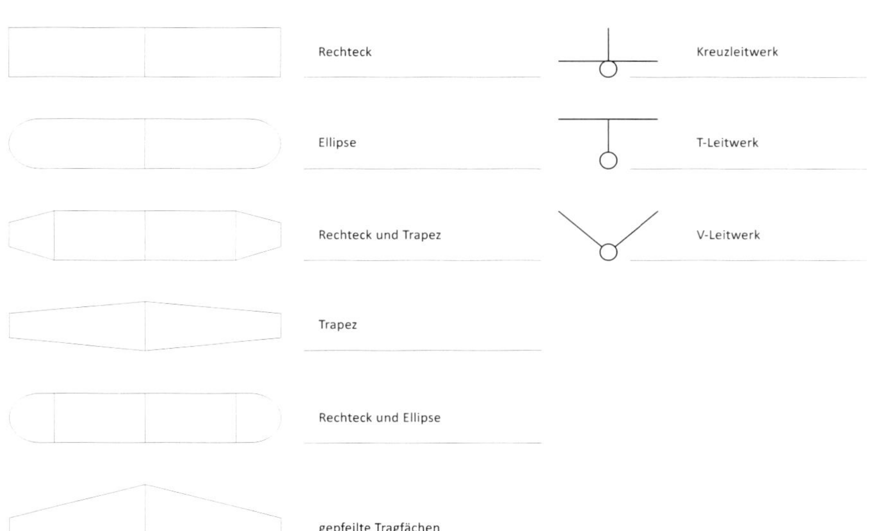

BALSAHOLZ

Es ist ein im tropischen Südamerika (Ecuador) wachsender Baum, dessen Holz für seine extreme Leichtigkeit bekannt ist. Er kann eine Wuchshöhe von bis zu 30 Metern und einen Stammdurchmesser von etwa 90 cm erreichen.

Für das Land Ecuador, welches etwa 85 % des weltweiten Bedarfs an Balsaholz abdeckt, ist die Balsa-Verarbeitungsindustrie und die Ausfuhr dieses Holzes ein wichtiger Wirtschaftsfaktor. Es war bereits vor Beginn der internationalen öffentlichen Tropenholzdiskussion die Selbsterkenntnis und Eigeninitiative der ecuadorianischen Balsaholzindustrie, eine nachhaltige forstwirtschaftliche Nutzung dieses Tropenholzes mittels Plantagenanbau zu betreiben.

Balsaholz ist das leichteste aller Nutzhölzer und einer der wichtigsten Baustoffe im Flugmodellbau. Bei einem spezifischen Gewicht zwischen 0,05 kg/dm³ und 0,35 kg/dm³ verbindet es bei leichter Bearbeitungsmöglichkeit geringes Gewicht mit Festigkeit. Dies ist etwa ein Drittel der Dichte von gewöhnlichem Holz. Balsabretter gibt es von 0,6 bis 30 mm Stärke, wobei die Maße bis 1 mm meistens im Saalflug verwendet werden. Balsaleisten haben Querschnitte von 2 x 2 mm bis etwa 20 x 20 mm und können unterschiedlich profiliert sein, z. B. quadratisch oder rechteckig für Holme und Gurte, konisch für Endleisten, gewölbt für Nasenleisten.

Bei Balsaholz wird hartes (spezifisches Gewicht über 0,17 kg/dm³), mittelhartes (spezifisches Gewicht von 0,15 bis 0,17 kg/dm³) und weiches (spezifisches Gewicht unter 0,15 kg/dm³) unterschieden. Hartes Balsaholz setzt man für tragende Teile wie Holme und Gurte ein, ein mittelhartes für Nasen- und Endleisten sowie Beplankungen und weiches für Füll- und Formstücke. Der Verwendungszweck wird jedoch nicht nur durch das Gewicht, sondern auch durch die jeweilige Schnittart bei der Aufteilung des Baumstammes bestimmt. Die Schnittart der Brettchen beeinträchtigt die Biegsamkeit, die sich aus dem Verlauf der Markstrahlen ergibt. Diese Markstrahlen verlaufen strahlenförmig vom Mark zur Rinde und stehen senkrecht zur Holzfaser. Wichtig für die Güte des Balsaholzes ist ebenfalls die Faserung; je dichter, feiner und gerader sie verläuft, desto größer ist die Festigkeit innerhalb des Brettchens. Tritt die Faser schräg an der Längsseite des Holzes aus, dann ergeben sich Bruchzonen.

BEZUGSQUELLEN UND LITERATURHINWEISE

BEZUGSQUELLEN

Sie erhalten die angeführten Baumaterialien im Modellbaufachhandel in Ihrer Nähe bzw. bei:

Balsaholz Baupläne Kieferleisten Kunststoffteile Fachliteratur	GK Modellbau und Kopierservice Gerold Kirchert, 1140 Wien, Linzer Str. 65, Tel: 0043-1-982 44 63, E-Mail: office@kirchert.com
Grundplatten für den Hellingbau	Tischlerei oder Holzfachhandel

LITERATURHINWEISE

ganz klar: Physik 2
Werner Gruber & Christian Rupp, Der perfekte Papierflieger, Das Phänomen Fliegen, Flugphysik einfach erklärt, Verlag Jugend & Volk GmbH, ISBN 978-3-7100-1840-4, Schulbuchnummer 125173

Papierflugzeuge für Kids
Ken Blackburn & Jeff Lammers, Loopings, Sturz- und Langstreckenflüge, Kunststücke aus Papier für Kids, KÖNEMANN® in der Tandem Verlag GmbH, ISBN 978-3-8331-1096-2

Bauen und Fliegen
Karl-Heinz Denzin, Bautechniken, Leichtbauweise, Fluggrundlagen, Neckar Verlag, Best.-Nr. 108, ISBN 978-3-7883-2108-6

Holzbauweisen im Flugmodellbau
Rüdiger Götz, Ein natürlicher Werkstoff richtig bearbeitet, Neckar Verlag, Best.-Nr. 135, ISBN 978-3-7883-2135-2

Federleicht
Hermann Holzhauser, Modelle aus Vogelfedern, Neckar Verlag, Best.-Nr. 630, ISBN 978-3-7883-1630-3

Flugmodell – Workshop Band 1
Kelvin Shacklock, Grundlagen mit drei Bauplänen, Verlag für Technik und Handwerk, Best.-Nr. 312.0037, ISBN 978-3-88180-137-9

Flugmodell – Workshop Band 2
Kelvin Shacklock, Eigene vorbildgetreue Flugmodelle für den funkferngesteuerten Betrieb erstellen mit fünf Bauplänen, Verlag für Technik und Handwerk, Best.-Nr. 312.0038, ISBN 978-3-88180-138-6

Modellflug-ABC
Martin Simons, Grundlagen, Aerodynamik, Tipps, Verlag für Technik und Handwerk, Best.-Nr. 310.2135, ISBN 978-3-88180-735-7

Information im Internet

www.balsaworld.com
www.kirchert.com
www.prop.at
www.unglaublicheinfach.at
www.wikipedia.org

Diese Unterrichtshilfe enthält Auszüge aus der Broschüre „Flugtechnik im Unterricht“ des Niedersächsischen Landesinstituts für Lehrerfortbildung und Unterrichtsforschung.

Notizen